二战经典战役纪实

搏杀中途岛

THE BATTLE IN MIDWAY

二战经典战役编委会·编译

中国铁道出版社有限公司

CHINA RAILWAY PUBLISHING HOUSE CO., LTD.

前 言 | 搏杀中途岛

The Battle in Midway

中途岛位于太平洋中部，是北美和亚洲之间的海上和空中交通要道，由周长 24 公里的环礁组成，陆地面积约 5.2 平方公里。1867 年被美国占领后，中途岛成为美国的重要海军基地及夏威夷群岛的西北屏障。1942 年 4 月 18 日美军杜利特尔航空队空袭东京后，日本认为威胁来自中途岛，遂决心实施中途岛 - 阿留申群岛战役。日军的作战企图是：第一，夺取中途岛，迫使美军退守夏威夷及美国西海岸；第二，诱歼美国太平洋舰队，以保障日本本土的安全。战役的主突方向是中途岛，阿留申群岛为次要方向。

日本联合舰队为实施这次战役，集结了自日本海军建立以来最庞大的一支力量，动用包括运输舰、辅助舰在内的舰艇共 200 余艘，其中航空母舰 8 艘、战列舰 11 艘、巡洋舰 23 艘、驱逐舰 56 艘、潜艇 24 艘。其主力编队辖中途岛进攻编队和第 1 机动编队；北方编队辖第 2 机动编队和阿留申进攻编队。另外，还编有先遣部队和岸基航空部队，由联合舰队总司令山本五十六海军上将统一指挥。1942 年 5 月 26 至 29 日，各编队先后由本土起航，预定于 6 月 4 日对中途岛发起进攻。

令日军没有想到的是，他们的一举一动早就在美军掌握之中。1942 年 5 月中旬，美军破译日本海军密码电报，掌握了日本进攻中途岛的企图。美太平洋战区总司令尼米兹海军上将紧急调集航空母舰 3 艘及其他作战舰艇约 40 多艘，组成第 16 特混舰队（由斯普鲁恩斯少将指挥）和第 17 特混舰队（由弗莱彻少将指挥），在中途岛东北海域展开，隐蔽待机。

1942 年 6 月 4 日凌晨，由南云忠一率领的第 1 机动编队（航空母舰 4 艘、舰载机 260 多架、其他作战舰艇 17 艘）进至中途岛西北 240 海里海域，中途岛大海战就此拉开序幕。4 时 30 分，南云派出第 1 波飞机 108 架飞往中途岛。岛上美军发出警报，飞机升空迎敌，展开激战。日军轰炸机袭击机场，炸毁部分地面设施。由于岛上防御加强，机场跑道未被摧毁。其间，南云的机动编队多次受到美岸基飞机的侦察、袭扰和攻击。南云遂决定再次攻击中途岛。7 时 15 分，美岸基鱼雷机结束攻击，南云却下令已挂上鱼雷准备攻击美舰的第 2 波飞机改装炸弹攻击中途岛。7 时 28 分，日侦察机报告发现美国舰队。此时，在中途岛东北海域待机的美特混舰队正向日机动

编队接近，并已派出第一、第二波飞机 200 多架。8 时 20 分，日侦察机报告美舰队似有 1 艘航空母舰。南云于是命令攻击中途岛的第一波飞机和担任空中战斗巡逻任务的战斗机返航，随后率舰队北驶，以免遭到袭击，并重新部署对敌舰队的攻击。约 9 时 20 分～10 时 26 分，正当日军第二波飞机卸下炸弹重挂鱼雷的混乱之际，美舰载鱼雷机和俯冲轰炸机连续攻击南云的航空母舰。日方虽有部分战斗机临空迎战，但为时已晚。结果，日军损失航空母舰 4 艘、重巡洋舰 1 艘，很快陷入失败的境地。鉴于第 1 机动编队损失惨重，山本于 5 日下令停止中途岛作战，率联合舰队西撤。中途岛海战至此结束。

拥有优势力量的日军在中途岛海战中惨败，是由多种原因导致的。首先，在作战目标上，日军的企图复杂庞大，在同一时期内既要攻占阿留申群岛西部，又要攻占中太平洋的中途岛，同时还企图诱歼美国舰队主力，对各部队也赋予了各项作战任务，结果导致顾此失彼。相反，美军的作战企图和目标则比较集中，部队任务也较单一，航空母舰部队的首要任务就是伏击日军舰队。第二，在兵力部署上，日军兵力极为分散。尽管日军动用了包括 8 艘航空母舰在内的庞大兵力，但这些兵力被分别用于南北两个相距甚远的战场上，而在每个战场上又分为相距数百海里的多路部队。仅航空母舰就分属于 4 支部队，其中真正参战的仅 4 艘，其他航空母舰均处于无用武之地的状况。与此相反，美军兵力虽有限，但自始至终都做到了在主要作战方向上最大限度地集中兵力，从而缩小了与对方在主要战场的实力差距。第三，在敌情侦察方面，美军战前就掌握了有关日军动向的准确情报，并据此作出精确判断和有针对性的部署，而日军在战前和开战后都未能搞清美军的情况，从而影响了作战指挥。

中途岛海战改变了太平洋地区日美航空母舰的实力对比。经此一战，美军稳定了太平洋战场的战局，使美国"先欧后亚"的战略得以顺利实施，为美军逐渐由防御转入进攻创造了重要条件。

战役备忘 | 搏杀中途岛

The Battle in Midway

金 | Ernest J.King

　　中途岛战斗是日本海军 350 年以来第一次决定性的败仗。此外，中途岛海战制止了日本向东扩张，恢复了太平洋上双方海军实力的均势。

南云忠一 | Chuichi Nagumo

　　双重任务迫使我们不得不将兵力一分为二，这是联合舰队在中途岛战役中最大的失误。

弗莱彻 | Frank Jack Fletcher

　　主要不是靠运气，主要是因为我们正确利用了所获得的情报。我们的情报比日本人准确，我们的素质比他们好，但日本人也比我们原来想象的要顽强得多。

渊田美津雄 | Mitsuo Fuchida

　　我们不仅输掉了一场战争，也输掉了整个战争。

★ 战争结果

　　日军被击沉航空母舰 4 艘、重巡洋舰 1 艘，击毁战列舰 1 艘、重巡洋舰 1 艘、驱逐舰 2 艘、油船 1 艘，另有 2 艘驱逐舰相撞受伤，损失各类飞机 332 架。美军损失航空母舰和驱逐舰各 1 艘，损失飞机 147 架。中途岛海战使日本海军的实力遭到重大损失，日军大本营海军部不得不下令终止攻占中途岛，并取消了原定于 7 月实施的进攻莫尔兹比和新喀里多尼亚、斐济、萨摩亚各群岛的作战计划。

★ 战役之最

　　a. 开辟海战史新纪元的第一次大规模航空母舰遭遇战。b. 日本海军遭遇 350 年来的第一次惨败。c. 美军战机第一次轰炸日本本土。

★ 作战时间

1942 年 6 月。

★ 作战地点

太平洋中部中途岛附近海域。

★ 作战国家

★ 作战将领

美 国

第 16、第 17 特混舰队，
共编有航空母舰 3 艘、舰
载机 230 余架、巡洋舰 8 艘、
驱逐舰 14 艘、潜艇 19 艘
以及其他舰艇 10 余艘。

尼米兹 | Chester W.Nimitz

美国海军五星上将。1941 年
12 月被任命为美国太平洋舰队
总司令，同时统帅该地区陆军。
1942 年 6 月成功指挥中途岛战役，
扭转了太平洋战场的战局。此后，
又指挥了所罗门群岛、马绍尔群
岛、菲律宾群岛、硫磺岛、冲绳
岛等一系列战役，取得太平洋战
场的决定性胜利。

日 本

共出动舰艇 200 余
艘、舰载机 400 余架，
主要为战列舰 11 艘、航
空母舰 8 艘、水上飞机
母舰 4 艘、巡洋舰 23 艘、
驱逐舰 56 艘、潜艇 24 艘。

南云忠一 | Chuichi Nagumo

日本海军中将。太平洋战争
初期，指挥了日本海军第一航空
舰队的航空母舰群对美国珍珠港
的攻击。1942 年指挥了中途岛
战役。之后参加了瓜达尔卡纳尔
岛战役，后被任命为中太平洋舰
队司令。1944 年 7 月美军在塞
班岛登陆后，其本人对战败引咎
自责，剖腹自杀。

★ 战争意义

日军袭击中途岛海战是太平洋战争的转折点。本次战役之后，日军在太平洋战场的攻势受到
遏制。国力空虚的日本受到重创后，再也不能随心所欲攻击任何一个区域。中途岛海战之后，美、
日海军力量趋于均衡，战局出现了有利于盟军的转折。国力雄厚的美国从此逐步掌握了战争的
主动权，并巩固了北起阿留申群岛，中经夏威夷群岛，南至澳大利亚的战略前沿，为其逐渐由
防御转入进攻创造了重要条件。

北海道

北方舰队

本州 日本

东京

丰后水路

第1

硫黄岛

马里亚纳群岛 进

塞班岛

关岛

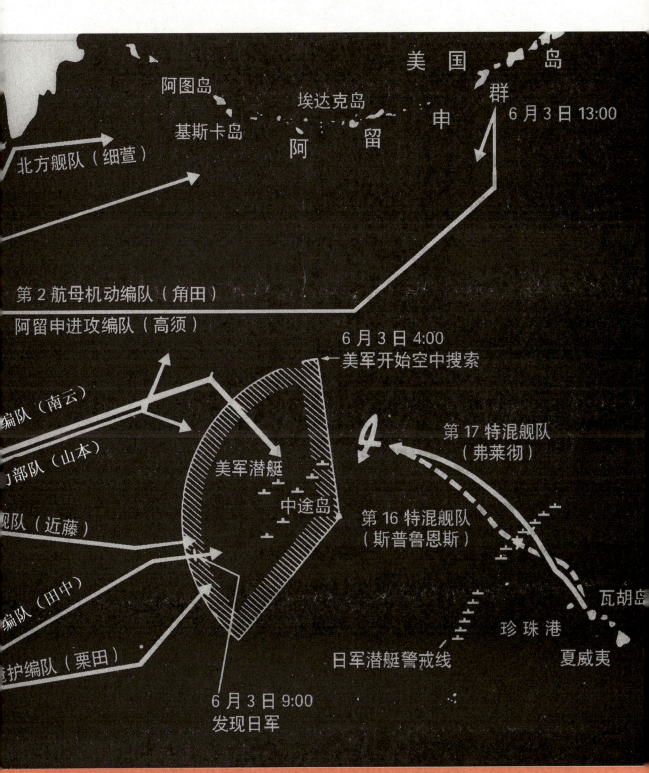

★图示：1942年6月，美日两军双方在中途岛海域展开进攻态势示意图。

目 录 | 搏杀中途岛
The Battle in Midway

第五章　战斗刚刚开始

尽管艾迪正是为了寻找日本舰队而来的，可海面上的情景仍然使他胆战心惊。"地球上最壮观的一出戏启幕了。"他控制住了发抖的手指，发出了"发现敌人航空母舰"的急电……

第六章　抢占先机

这份电报犹如晴天霹雳，震撼了"赤城"号舰桥上的南云中将和他身旁的所有幕僚。迄今为止，没有人能够预料到美国人的水面舰队会出现得这么快，更没有料到敌人的舰队就在附近设伏待机……

第七章　致命一击

南云忠一站在驾驶台上，简直不敢相信面前的一切是真实的，眼泪顿时夺眶而出。参谋长草鹿龙之介恳求道："长官，我们大多数军舰完好无损，您必须振作起来，承担起指挥的责任。"……

第八章　困兽犹斗

山本五十六像输红了眼的赌棍，一心想要在夜里捕捉美军舰队……尼米兹听到消息后，开始也有点不理解。等他仔细听取情况汇报后，逐渐明白了斯普鲁恩斯的做法……

第九章　战争转折点

山本五十六躲在船舱办公室里，三天拒绝会见部下。南云忠一中将几次企图自杀，都被部下劝阻……太平洋舰队司令尼米兹海军上将在 6 月 6 日的记者招待会上宣布："珍珠港的仇恨现在得到部分雪耻了。"……

第一章

更大的赌注

　　山本五十六说："珍珠港战役只是唤醒了一个昏睡的巨人，一旦美国的经济纳入战争轨道，数不清的飞机、坦克和军舰将会一拥而上，而贫瘠的日本岛国对此只能望洋兴叹。因此，必须趁这个'巨人'尚未完全清醒以前，彻底摧毁美太平洋舰队，完成袭击珍珠港未竟的事业。"于是，山本五十六下了一个比珍珠港更大的赌注。

No.1 山本重施故伎

1941 年 12 月 8 日，日本柱岛锚地的整个舰队都在为珍珠港的胜利大庆特庆。所有大大小小的舰只一律挂了满旗，官兵们举着啤酒、清酒在甲板上穿梭，彼此无论军阶高低，碰杯狂饮。

身为联合舰队参谋长的宇垣缠少将堪称山本的左膀右臂。宇垣缠突然发现，山本长官不在了，刚才他还在舰桥上注视着下面的官兵。余兴未已的宇垣挤出人群，推开司令官的舱室。室内寂静无声，与甲板上的热烈气氛相比，显得格外冷清。一位身穿海军大将服装的男子正站在办公桌旁。他个子不高，宽肩厚背，一双机敏、聪慧的眼睛反映出他直率而寡言、果敢而敏感的个性。高高的鼻子，表情丰富的嘴唇，嘴角至下巴已经刻上了棱角分明的皱纹。他就是日本联合舰队司令山本五十六大将，有人形容他既是水手又是诗人，是海盗又是政客，是爱国者又是事业家。

他站在那里，眼睛盯着轰炸珍珠港的战果报告。这份报告是根据美方的资料整理而成的，美方对所受的损失未加任何掩饰。山本发狠般地默念道："了不起！美国人损失这么惨重，还有勇气实话实说。对于这样的对手，应该狠狠地揍。"

山本比谁都清楚，对手实力强大。他曾就读于美国哈佛大学，担任过驻华盛顿的海军武官，到过美国各地。在日本海军中，他是有名的美国通。因此，他长期以来反对与美国交战。然而，他又是一个彻头彻尾的日本民族主义者。当日本政府下定决心要对美开战时，他打破了日本海军在内海防御作战的传统，拟定了关于跨洋过海空袭珍珠港的大胆的作战计划。

如今，珍珠港战役已经取胜了，下一步该怎么办，山本一直在考虑。虽然，突然袭击珍珠港的战果超出了所有的预料，联合舰队的舰只在西太平洋上大摇大摆地驶来驶去，然而，山本意识到以瓦胡岛为基地的山姆大叔的战斗部队仍有很大潜力，他们渴望着报仇以洗雪奇耻大辱。对此，山本五十六比别人有着清醒的认识，他说："珍珠港战役只是唤醒了一个昏睡的巨人，一旦美国的经济纳入战争轨道，数不清的飞机、坦克和军舰将会一拥而上，而贫瘠的日本岛国对此只能望洋兴叹。因此，必须趁这个'巨人'尚未完全清醒以前，彻底摧毁美太平洋舰队，完成袭击珍珠港未竟的事业。"在他看来，转攻为守就是给美国时间，让美国人重整军备，卷土重来。美国经济潜力和军事潜力都比较大，一旦缓过神来，日本将很难对付。

山本认为，只有迅速消灭美国太平洋舰队，才是结束战争的最佳捷径。因此，他力主进攻，再制造一次珍珠港式的袭击，彻底歼灭美国舰队。

"长官，整个舰队都在狂欢，官兵们都希望能与他们的统帅共享胜利的喜悦。"宇垣

朗声建议道。正在考虑问题的山本微微颔首示意宇垣坐下，尔后继续一动不动地沉思着。兴奋的宇垣渐渐坐不住了，就在他想起身告辞的时候，山本自言自语地说："现在庆贺还为时尚早，战争才刚刚开始。"

宇垣顿觉羞惭，与山本长官相比，自己显得太浅薄了，偶有小胜，即忘乎所以。

"宇垣君"，山本睁开双目，直视自己的参谋长，"帝国海军下一步该如何动作，你有什么想法？"

宇垣一怔，山本所指显然不是具体战斗，而是今后如何指导战争全局的战略问题。可是，这个问题开战之前不就已经明确了吗？当时，大本营陆海军部经过对美、日双方国力等因素的综合比较，一致认为：日本凭一隅之力无法与美英相提并论，因此，开战之初务必拿捏先机，以突袭方式迅速占领南方资源要地和太平洋上的战略要点，确立持久不败之势；尔后利用占领区域的资源，涵养日本的国力，同时，与德意相呼应，首先挫败英国及其他盟国，以使美国感到孤立，进而退出战争。换言之，第一阶段是攻势阶段，第二阶段是守势阶段，整个战略着眼于持久。此外，陆海军清楚，美国是日本最大的对手，但苦于没有直接攻击美国本土的手段，因此，决定采取剥笋方式，先逐个击破美国的盟国，使美国看不到胜利的前景而退出战争。这固然显得迂远一些，可除此之外，别无良策。

"长官是战争的决策者之一，何尝不知道大本营战前的考虑，他提出问题，一定另有所见。"宇垣想着，并不急于回答问题，他等着山本谈出自己的想法。

少顷，山本不紧不慢地把显然经过深思熟虑的想法告诉了宇垣："是的，日本力不如人，此乃指导战争的基本前提。由此而得出持久周旋的方针，也在情理之中。中国事变，重庆方面不是抱定与帝国持久抗衡的念头，等待形势的变化吗？不过，对弈之道，并无一定之规。

◀战争的主要策划者：东条英机。（左图）

◀日本裕仁天皇对战争的发动负有不可推卸的责任。

▶日本海军军令部长永野修身，对山本的计划不屑一顾。

与具有强大战争潜力的美国持久相争，无异于自取覆亡。时间对美国有利，一旦他缓过劲来，发挥出全部力量，日本是无法抗衡的。持久不败，真是小儿之见。"

一席长谈，宇垣渐渐被山本的设想所折服。日本应该利用目前所取得的有利地位，对最主要的敌人美国实施连续不断的积极作战，压制美国战争力量的恢复，尽可能把战争引向短期化。这样做固然意味着不断冒险，但舍此再无其他主动把握自己命运的机会。倘若按战前方针，转入守势，不仅会丧失以往战果，而且给了敌人从容恢复实力的时间，陷日本于拱手待敌反攻的被动地位。至于长期战争的可能性，山本并不是一点儿也看不见，毕竟战争不是由某一方说了算的。不过山本坚信，既然存在短期结束战争的可能，那么主动追求长期战争就是愚蠢之举。

"消灭了美国舰队，以后干什么都可以随心所欲，这是结束战争的最佳捷径。"山本最后这句话，给宇垣留下了深刻印象。

在山本的授意下和支持下，随后的一个月里，宇垣把自己关在屋子里，整日苦思怎样才能把山本的思想变为联合舰队的实践。进攻澳大利亚？陆军不会同意，因为那需要十几个陆军师团，而陆军不想在中国大陆之外再背上一个包袱。攻占斐济、新喀里多尼亚和萨摩亚诸群岛，切断美国与澳大利亚之间的交通线？这样固然可以扼杀澳大利亚，孤立美国，可也不是直接打击美国、早日结束战争的最佳选择。攻击美国大陆？遗憾的是日本目前尚不具备这种能力。看来只有夏威夷了，此处是拱卫美国西海岸的唯一屏障，也是美国在中部太平洋至南太平洋防御线上的重心所在。一旦攻占该处，不要说澳大利亚唾手可得，日本海军从此就可以在太平洋上随心所欲、自由驰骋，甚至兵临美洲大陆西海岸也将成为事实。不过，这块肥肉离日本远了点儿，而且聚集了美国太平洋舰队主力及相当

▲ 山本五十六坚持自己的作战计划

数量的航空兵力，庞大的进攻部队将暴露在美国空中威力圈内达几天之久。

必须寻找一个跳板！宇垣等人连续研究了几天，不约而同地把目光投向了中途岛。中途岛正如它的名字一样，位于日本与夏威夷的中间，西距东京 2,250 海里，东距夏威夷的珍珠港 1,140 海里。中途岛由东岛和沙岛组成，外围环绕着直径 11 公里的环礁。东岛长约 3,000 米，宽约 1,500 米，地势平坦，建有一座飞机场。沙岛长约 3,000 米，宽约 2,500 米，北部有一个港口。巴掌大的中途岛本来并不起眼，可它所处的位置及机场和港口太重要了，说是战略要点丝毫也不过分。岛上的美军飞机可以有效控制周围 600 海里半径的海域，日本舰队若想直接进攻夏威夷，就会受到中途岛与夏威夷两方面的夹击。反之，如果日军占领了中途岛，就可以把自己的战略前沿大大向东推进，利用岛上的海空基地形成对夏威夷方面美国太平洋舰队的有效监视和警戒，一俟准备就绪，即可直扑夏威夷。

宇垣坚信，美国人绝不会坐视中途岛丢失，因为那无异于让一把锋利的宝剑顶在自己的喉头。既然美国人一定会全力争夺，日本联合舰队当然巴不得抓住这个决战的良机，一举诱歼美国太平洋舰队主力于中途岛附近。

太妙了！1942 年 1 月中旬，宇垣向山本汇报了自己的初步设想：联合舰队的下一个作战目标定在中途岛。如果攻占了中途岛，立即将岸基航空兵推进至该岛。一俟各方面准备就绪，即以联合舰队的决战兵力，大举进攻夏威夷，全歼美国在太平洋上的主力。如果在此期间，美国舰队驰援中途岛，即毫不犹豫地实施决战。

宇垣手下有一个得力的参谋班子，他们都同宇垣一样，对山本大将极端忠诚。其中的首席参谋黑岛龟人海军大佐是个怪才，他的酒量、饭量大得惊人。黑岛这个人与众不同，脑子虽然有些古怪曲折，但却非常好使。山本大将对他甚为器重。另一个参谋是安次海军中佐，他是联合舰队参谋班子里黑岛最好的朋友，他也深得山本的宠爱。渡边与古怪的黑岛各方面都截然相反，他高高的个子，瘦骨嶙峋，长方脸，牙齿大而洁白，笑起来显得十分温和，骨子里并不是当军人的料。但是，作为一个计划参谋，他的才能常常在众多参谋中发出耀眼的光辉。

到 3 月 28 日，黑岛和他的参谋们已经把宇垣的初步设想变成具有细节的作战计划了。只要山本一声令下，停留在纸面上的计划立即就可以变为几千海里以外的海战奇观。

No.2 以辞职相要挟

　　山本五十六没有想到，他的中途岛的作战计划从开始时就不断遇到麻烦。计划刚刚出笼，就遇到第一个障碍：海军军令部提出强烈反对。也许是个规律，各国军队中几乎无例外地存在着总部与作战部队间的矛盾。日本海军也不能免其俗，军令部的军官自恃清高，常常以眼光远大、富有全局战略观而自负。可联合舰队的军官不理他们，把军令部一帮人看作只会坐在办公室里纸上谈兵的行家里手。自开战以来，两派之间已经多次出现对立。联合舰队力主奇袭珍珠港，而军令部的人则表示怀疑，只是在山本大将发出辞职的威胁后，军令部才做了让步。偷袭珍珠港的成功，虽说证明了联合舰队的正确，但进一步助长了两派感情上的对立。

　　同时，在联合舰队制订中途岛作战计划的同时，海军军令部也拟制了一个作战计划：即逐步控制新几内亚岛东部、所罗门群岛南部以及新喀里多尼亚至斐济一线，切断美、澳之间的交通线，以孤立澳大利亚。这项计划被称为"南进作战"计划。

　　山本推出这一作战计划时，在日本上层军界掀起轩然大波，陆海空军首脑们无不连连摇头，他们想都未曾想过，战争爆发还不到半年，一下子就能打到夏威夷群岛的大门口中途岛。特别是军令部长永野修身海军大将和副部长伊藤整一海军中将，他们对山本大将的作战计划表示坚决反对。

　　"哼，这简直拿帝国和皇室的命运去冒险。山本一定是被胜利冲昏头脑了。"

▶ 山本固执己见，终于说服了军令部批准自己的东进作战计划。

"不顾澳大利亚和新几内亚，舍近求远，去打中途岛，是胡闹。"

3月中旬，山本简要地通知了海军军令部，说他正在研究进攻中途岛的计划。军令部第一部长福留少将当即答复说，军令部已经有了一个"南进"作战计划，因此"东进作战"计划恐怕不能通过。

但山本决心已下，1942年4月2日，他派作战参谋渡边中佐赴东京，正式呈递他的"东进作战"方案，请军令部核准实施。军令部也派出谈判高手三代中佐。双方据理力争，陈述各自的主张。

三代早就有所准备，他只简单地看了看联合舰队的作战计划，即胸有成竹地提出一大堆理由，反对中途岛作战方案。他的理由是，日本有史以来发动的海战，从未拉出这么远的战线，中途岛几乎10倍于当年旅顺口的航程，燃料的供应，军火的运输，伤员的处理，困难重重。总之，中途岛作战在战术上有种种不利条件，而且即便占领了中途岛，它的战略价值也值得怀疑。况且现代战争，国家和民族的命运可能取决于一次重大战役的结局，而战役的成败，在很大程度上又取决于最高指挥官的天才和能力。战斗的进行，结局的成败，不可能在会议桌上决定，只能由最高指挥官临战随机应变，当机立断。这次海上攻击战，将投入日军海空力量的全部主力。这个赌注太大了。

渡边也毫不示弱，进行反驳，他说，归根结底，太平洋战争全盘战略的成败取决于能否消灭美国舰队尤其是美国太平洋舰队。况且美日武装力量的局势，最多在战争开始后两年内就要发生有利于美国的变化，敌人的军工生产很快就要急剧上升。时间紧迫，唯一的办法是速战速决，摧毁敌人的海军主力。战争开始时，东条首相就曾提出过"速胜论"。退一步想，如果美国避开联合舰队的挑战，日军就可以把防御圈向西推进，至少可以延伸到阿留申群岛……

渡边理直气壮，振振有词，说得浑身的血都涌到头上了，用两只好斗的、充血的眼睛望着三代："唔，也许你在担心我们联合舰队官兵们的士气，我可以坦率地告诉你，目下士气旺盛得很哟，全军将士宁可死于战场，也不愿意退守防线。"

"不不，我担心的不是这个。"性格沉静、工于心计的三代连忙摇头，"我是认为，中途岛作战无论在战术上或战略上都是不明智的，有些操之过急，太冒险了。"

他随即又提出如下几点反对的理由：

第一，由于中途岛靠近美国太平洋要塞夏威夷，除航空母舰外，敌人还能充分使用潜艇和驻夏威夷的大型岸基飞机，对该岛进行支援。而且，珍珠港的教训已使敌人充分警惕，因此联合舰队的行动很难做到出其不意。

第二，联合舰队长途奔袭，舰队远离岸基飞机的警戒范围。因此，航空母舰必须腾出一部分宝贵的空中突击力量，去执行侦察警戒任务，以弥补这方面的缺陷。这就要削弱舰队的突击力量。

第三，虽然不能排除与美国舰队决战的可能性。但海军军令部认为，美军不大可能为中途岛而孤注一掷。中途岛远离日本本土而距离夏威夷较近，美军有很多种其他选择，他们可以围困该岛，慢慢地夺回来。

第四，即使占领中途岛，也会在补给和防御敌人反攻等方面面临严重问题。中途岛除了远离日本本土之外，面积很小，一旦遭到来自海上和空中的突袭，驻在岛上的飞机将不能疏散，损失将会很大。为了预防这种攻击，日本必须实施大规模的空中巡逻。这就要动用大量飞机并耗费大量燃油。长此以往，补给和运输问题恐非日本力所能及。

▶ 日第 1 航空母舰舰队司令南云忠一中将。（左图）
▶ 日海军第 11 航空舰队司令家原二四三中将。

第五，联合舰队认为，占领中途岛将有效地威胁夏威夷，沉重打击美国的作战意志，从而为早日结束战争铺平道路。军令部认为这种看法过于乐观。军令部认为，纵使中途岛落入日军之手，向夏威夷进军仍是极端冒险之举，同时也威胁不到美国本土，所以，对美军士气的影响也是微不足道的。

总之，三代中佐代表军令部告诉山本五十六的代表，战争爆发还不到半年，日本一下子就能打到夏威夷群岛的大门口中途岛，这个赌注太大了。

相反，他认为军令部的计划比较可行。新喀里多尼亚、斐济、萨摩亚等地虽离日本本土较远，但距美国基地也远，因而可使美国丧失维护中途岛时可能得到的有利条件。南太平洋的新喀里多尼亚等岛屿比中途岛大得多，更有军事价值。至于诱出美国舰队进行决战的问题，军令部认为，进攻斐济群岛以及萨摩亚群岛等地，比进攻中途岛更有可能达此目的。因为这些地方一旦失陷，美、澳之间的交通线就会受到致命威胁。这才是美国非救不可之地，更有可能诱使美太平洋舰队出动。

吵架持续了3天，双方都不肯让步。4月5日，军令部第一部长福留少将亲自参与会谈，他一上来，不分青红皂白，对联合舰队的中途岛作战计划提出指责，并讥讽渡边只知蛮干。渡边知道自己势单力薄，没有办法，他激愤地撇下军令部人员，到隔壁房间直接通过电话向联合舰队司令部汇报争执的情况。

山本默默地听着，感到自己的权威受到了挑战，这是他决不允许的。在日本海军中，山本不仅具有指挥才干，而且具有大胆甚至冒险决策的能力。像许多日本人一样，山本有着浓厚的樱花情结，宁愿在很短的时间内凋谢，也要开放得非常灿烂。不少人把他叫做赌徒，偷袭瓦胡岛的珍珠港可以说是他进行的一次赌博，那一次他赌赢了，为日本赢得了巨大荣誉。珍珠港的胜利不仅使他名声大噪，而且使他对自己运筹战争的能力更加坚信不移。

山本听完渡边的汇报后，面无表情，以命令口吻说道："告诉那帮混蛋，如果我的作战计划不被接受，我将辞去联合舰队司令一职。"

有山本在背后撑腰，渡边立即变得信心十足。他回到座位后，尽量用平和的语气，但却毫不妥协地告诉福留："归根结底，我们太平洋的整个战略的成败取决于能否摧毁美国的舰队尤其是航空母舰特混部队。海军军令部主张切断美澳之间的供应线。为了实现这一目的，它力求把某些地区置于日本控制之下，但最直接而最有效实现这一目的的方法，在于摧毁敌之航空母舰部队，没有这个部队，则敌人的供应线便无论如何也不能保持。我们相信按拟议的计划进攻中途岛，我们有把握把敌之航空母舰部队吸引出来并在决战中加以摧毁。万一敌人避免我方的挑战，我军仍然可以把我方的防御周边毫无阻碍地推进到中途岛和西阿留申群岛。"

渡边最后加重语气，一字一顿地说："山本长官对军令部的做法很不理解，表示如果军令部不通过中途岛作战计划，他将辞去联合舰队司令的职务。"

山本要辞职，这是军令部最怕的一招。在珍珠港的大胜利之后，山本大将已经成了仅次于天皇的偶像。一旦国民得知是由于军令部的反对而导致山本辞职，在座的这班人恐怕都会背上卖国的嫌疑，而且永远也洗刷不掉。毕竟在山本巨大的光环下，他们都是微不足道的人物。

讨论珍珠港作战计划时的一幕重演了，山本以辞职相要挟，迫使军令部屈从了他那表面上客客气气的讹诈。

海军军令部最终原则上同意了山本五十六的东进作战计划。但是他们并不甘心，于是，军令部抓住作战计划的一些细节问题不放，对作战计划很多具体问题提出质疑。本来，山本五十六预定进攻中途岛的日期在6月初。但军令部执意要他推迟3个星期，理由是有更多的准备时间。双方在诸如此类的问题上争来争去，直到 4 月中旬还没有定下来。

正在这时，4 月 18 日，发生了一件震动日本朝野的事件，使军令部最终同意山本的中途岛作战计划。

No.3 中途岛计划出台

珍珠港事件后不久，罗斯福总统就说过，他要尽快轰炸日本本土，对日本人卑鄙的偷袭还以颜色。不过，这么远的距离去轰炸谈何容易，看来也只能想想而已。但是，有一天，美国海军总司令金上将的一位作战参谋突发奇想：如果让陆军的远程轰炸机从航空母舰上起飞，不就缩短了与日本的距离吗？日本人压根儿不会想到会有这种怪招。

这个想法引起了金上将和陆军航空兵的兴趣。于是，1942 年 3 月初，24 组陆军机组人员集中到佛罗里达州的埃格林机场，练习在 152 米长的跑道上起飞 B－25 型双引擎轰炸机的技术。他们的指挥官是个出类拔萃的人物，既是航空学家，又是几次打破飞行纪录的勇敢的飞行员。第一个以 12 小时横贯美国的是他，第一个飞出别人不可能完成的动作——外圈筋斗的是他，第一个做到盲目着陆的还是他。此人就是美国航空界有名的詹姆斯·杜立特尔中校。

4 月 1 日，最后筛选出的 16 个机组悄悄抵达加利福尼亚州的阿拉米达基地，登上了"大黄蜂"号航空母舰。次日早饭后，杜立特尔把他们集中到饭厅，开口宣布："各位，你们有人还不知道要去干什么，有人一直在猜测我们要干什么。那么听着，我们是去轰炸日本。13 架飞机炸东京，另外 3 架分别轰炸名古屋、大阪和神户。海军会把我们送到尽可能靠近日本的地方，我们将从甲板上起飞，而不是你们熟悉的陆上跑道。有没有人想退出，现在讲还来得及。"

杜立特尔满意地看到，没有一个人怯阵。

上午，在 2 艘巡洋舰、4 艘驱逐舰和 1 艘油轮的护送下，"大黄蜂"号驶过了金门桥。启程时有成千上万的人看热闹，要不了多久，他们就会知道一个惊人的消息。

几天后的 4 月 8 日，另一支舰队从珍珠港起航。为首的是威廉·哈尔西海军中将率领的"企业"号航空母舰，护航的也是 2 艘巡洋舰、4 艘驱逐舰和 1 艘油轮。他们是去与来自美国本土的"大黄蜂"号会合，然后一同前往执行轰炸日本的任务。

日本人对此一无所知，直到两天后，联合舰队的无线电情报人员才截获了这支美国舰队与珍珠港的来往电报。他们推测，如果美国舰队继续西进，那八成是来轰炸东京的。日

▲美军飞行员聚集在"大黄蜂"号航母上等待轰炸东京的命令。

本人以其特有的精确进行了推算：舰载飞机航程有限，美国舰队必须驶到离东京 400 海里以内的海面才能起飞。否则，飞机就无法返回。而日本的警戒网一直延伸到离海岸 700 海里的地方。所以，在美国舰载机起飞之前，日本有充分的时间去攻击敌舰。

这个估计很准确，只有一点差错，美国人用的不是海军的舰载机，而是陆军的远程轰炸机，它们预定的起飞点距离目标约 500 海里。

4 月 16 日，两支美国舰队会合，组成第 16 特混舰队，直接向东京方向驶去。各机组人员自信一定能给日本人一个奇袭，但是，3 天后这种信心动摇了。因为收到了东京电台的一则广播："英国路透社报道，美军 3 架轰炸机轰炸了东京。这种谎言可笑至极。日本国民对这种愚蠢的宣传毫不在意，正沐浴在和煦的阳光和芬芳的樱花中，享受无限美好的春光。"虽说是宣传，但日本军方显然已经注意到危险的来临。

次日，陆军飞行员在甲板上集中，参加一个特别的仪式。杜立特尔把日本过去授给美国人的勋章交给飞行员们，要他们把勋章还给日本人。飞行员们把勋章系在炸弹上，并用粉笔写上"我要火烧东京！""请尝尝炸弹的滋味！"等讥讽的话。

玩笑开够了，杜立特尔宣布次日起飞，因为第 16 特混舰队将比原计划提前一天到达预定的起飞点。杜立特尔告诉大家，他将第一个起飞，预计傍晚时飞到东京。"你们在我之后两小时或三小时起飞，把我炸起的火焰当做指示灯。"

最后大家都提到了一个以前尽量回避的问题。如果在日本迫降的话该怎么办？"这就由大家自己决定了，反正我不想当俘虏。"杜立特尔接着说："我先让机组人员跳伞，然后全速俯冲，哪个目标最上算就朝哪个目标冲去。我今年 46 岁了，已经活得心满意足了。"

次日清晨 3 点钟，载着预定轰炸东京的飞机的军舰在离东京还有 700 海里的时候，突然遇到日军潜艇。"企业"号上的雷达首先测到两艘潜艇跟踪。几分钟后，水平线上闪了闪亮光。第16特混舰队改变了航向，各舰都响起了"动员"警报。半个小时后警报解除，舰队重又朝向西面行驶，好像什么也没有发生过。

气候很坏，军舰颠簸得很厉害。天快亮的时候，3架搜索机从"企业"号起飞，侦察前方海域。一个飞行员透过灰沉沉的雾气发现了一艘日本的小型巡逻艇。他调转机头来到"企业"号上空，投下一个通信筒，内写："发现日军的水面舰只，距离很近，估计敌人也发现了我们。"

过了不到一个小时，"大黄蜂"号上的观察哨也发现了一艘小型巡逻艇。让所有人感到震惊的是：这艘巡逻艇已经开始用明码发报说，在距东京700海里处发现3艘敌人的航空母舰。

已经无秘密可保了，必须提前动手，否则整个计划就会泡汤。舰队指挥官哈尔西立即发布命令："立即起飞，祝杜立特尔中校及全体出击人员幸运，上帝保佑你们。"

"大黄蜂"号舰桥上，杜立特尔与身边人员一一握手告别，转身奔下舷梯大喊："行啦！伙计们，到时候了！"汽笛鸣响，喇叭中传出命令："陆军飞行员注意，请立即登机！"

只有飞行员最清楚这个突然的变故意味着什么。一切都是作了精确计划的，连每加仑汽油都是算好了的。现在却突然增加了150海里的航程，而且还不得不改在白天轰炸。这将何等严重地影响他们成功的机会，以及生还的机会。尽管如此，飞行员们仍登上飞机，义无反顾地执行任务。

飞机一架接一架升空，当最后一架离舰后，哈尔西立即下令全舰队返航。出于安全考虑，杜立特尔他们执行完任务，不再飞返航空母舰，而是径直飞到中国大陆的机场，目的是尽量减少第16特混舰队滞留危险区域的时间。

这一天是4月18日。说来凑巧，就在最后几架美军飞机离开"大黄蜂"号，朝东京扑去之际，东京正在进行防空演习。演习气氛松懈，连警报也没拉。这一天是星期六，天气又晴朗又暖和，演习一结束，大街上很快又熙熙攘攘，挤满了买东西和春游的人们。

中午12时30分，杜立特尔的飞机到达目标上空，投下第一颗炸弹。接着，一架轰炸机飞过市区上空，把带来的所有炸弹悉数投下。除了弹着区及其附近的人，东京市民都以为这场空袭不过是逼真的防空演习的高潮。学校操场上的孩子和闹市街上的市民们还向头顶的飞机招手，他们看错了美国飞机上红、白、蓝三色的圆标志，把它当成了旭日标志。空袭时，天皇裕仁携皇后正在御花园为前方将士采药，以示恩泽。

警报响起后，他也以为是演习，直到听到爆炸声，裕仁才恍然大悟："哪里来的飞机？

▶1942年4月18日，"大黄蜂"号航母行驶在海面上。

简直不可思议！"天皇顾不得往日的矜持，大声叫嚷起来，并赶紧拉住皇后的手，一起钻进樱花林躲避。

就物质损失而言，这次空袭算不上成功，但是发生空袭事件的本身却使日本统帅部极为震惊，用日本大本营官员的话说："它使日本打了个冷战。"开战以来，日本领土上第一次落下了炸弹。日本天皇曾得到过他的司令官们的保证：决不允许敌人的炸弹落在他神圣的国土上。但是，司令官们的保证落空了。东京遭受轰炸在日本民族的心理上引起了很大震动。日本人的自尊心被严重地挫伤了。

以防卫日本本土为己任的联合舰队对此更有不可推卸的责任。山本五十六听说天皇在轰炸中被迫躲进樱花树下时，又惊又愧。他连忙给天皇打电话，再三请罪，并保证采取措施，立即摧毁美国的航空母舰舰队。

美军空袭东京事件使命运的天平向山本五十六倾斜过来。海军军令部中坚决反对中途

▲ B-25 轰炸机从"大黄蜂"号航母上起飞,执行轰炸东京的任务

岛作战方案的人也不得不承认来自东方的威胁比来自南方的威胁更大、更现实。军令部为没能保住首都的安全而不安,反对进攻中途岛的意见烟消云散。

美军空袭东京后的第二天,山本亲自给军令部打电话,理直气壮地说:"进攻中途岛就是保卫首都东京的安全,保卫天皇陛下的安全,这是帝国军人的神圣天职!"

与此同时,日军的南进行动也遇到了阻力。1942年春,日军占领东南亚广大地区后,开始向西南太平洋推进,目标直指新几内亚岛的英尔兹比港和所罗门群岛的图拉吉岛。从4月下旬开始,美军太平洋舰队与日本舰队在珊瑚海地区爆发激战,5月初达到高潮,双方都有很大损失。珊瑚海战役使日本海军攻占莫尔兹比港的战略企图未能实现,南进战略遇到了挫折。

于是,4月20日,陆海军召开联席会议。海军军令部总长永野修身亲自主持会议,决定延期执行南进作战计划,全力以赴,拿下中途岛。会议授权联合舰队尽快拿出详细的作战计划。

山本五十六在这场战略性论战中获胜了。他立即责令幕僚班子昼夜加班，迅速制订了进攻中途岛的作战方案。作战计划包括 3 项独立的但相互支援的作战行动：第一，占领西阿留申群岛；第二，占领中途岛；第三，实施舰队决战。战役的基本目的是通过占领中途岛为日本海军航空兵获取前进基地，继续向中太平洋和西南太平洋扩张，同时诱歼美国太平洋舰队。

4 月底，拟定好的中途岛的作战计划正式提交海军军令部总长永野大将批准。5 月 5 日，永野奉天皇敕令，发布了《大本营海军部第十八号命令》，指令：

帝国联合舰队司令长官山本五十六将军与陆军协同占领中途岛和阿留申群岛西部战略要地。此令。

中途岛登陆日期预定为 6 月 7 日，各部队必须在 5 月下旬分别由各基地出发。为了发动现代日本海军 70 年历史上最大的一次海战，山本五十六必须在半个月内完成一项庞大的备战工作。因为在他身上集中了决策的大权，激励他产生一种赌徒似的胆量，所以在组织这次大海战的前夕，他具备一种非凡的勇气和自信，认定这是一次全赢的赌博，绝对全赢。

有军令部批准，有东条首相首肯，再加上裕仁天皇的敕令，山本五十六腰粗气壮，一切顾虑驱除干净，为了完成他梦寐以求的战略目标，山本调动他所能调集的一切舰只，倾巢出动，并将这些兵力编为 6 个战术编队：

先遣部队：由第 6 (潜艇) 舰队司令小松辉久中将指挥，下辖轻型巡洋舰 1 艘、潜艇 15 艘。任务是先行侦察中途岛的美军情况及天气状况，并在开战前进至中途岛至夏威夷之间组成潜艇警戒线，以攻击支援中途岛的美国舰队。

第 1 机动部队：由第 1 航空母舰舰队司令南云忠一中将指挥，辖重型航空母舰 4 艘、战列舰 2 艘、重型巡洋舰 2 艘、轻型巡洋舰 1 艘、驱逐舰 12 艘以及各类舰载飞机 261 架。任务是在登陆作战之前空袭中途岛的美军机场及各种设施，消灭岛上的美军航空兵，支援并掩护登陆作战，同时歼灭可能来犯的美国舰队。

攻占中途岛部队：由第 2（重巡洋舰）舰队司令近藤信竹中将指挥，辖轻型航空母舰 1 艘、战列舰 2 艘、重巡洋舰 8 艘、轻巡洋舰 2 艘、驱逐舰 21 艘、水上飞机母舰 2 艘、运输舰船 15 艘以及若干扫雷舰、猎潜艇等舰船，各类舰载飞机 56 架。舰上载有在中途岛登陆的部队 5,800 人。任务是在第 1 机动部队消灭中途岛的美军航空兵后，输送并掩护登陆部队占领中途岛，同时准备在中途岛附近海面截击来犯的美国舰队。

主力部队：由山本五十六亲自指挥，下辖轻型航空母舰1艘、战列舰7艘、轻巡洋舰3艘、驱逐舰21艘、水上飞机母舰2艘（携带袖珍潜艇）以及各类舰载飞机35架。任务是掌握中途岛、阿留申群岛作战全局，间接支援北方的作战，重点支援中途岛作战，同时攻击美国舰队。

北方部队（阿留申部队）：由第5船队司令细萱戌子郎海军中将指挥，分为北方部队主力、第2机动部队、阿图岛攻占部队、基斯卡岛攻占部队和潜艇部队等5个支队。总计有航空母舰2艘、重巡洋舰3艘、轻巡洋舰3艘、辅助巡洋舰1艘、驱逐舰12艘、潜艇6艘以及扫雷舰、运输船等若干艘，舰载飞机82架。另搭载陆、海军登陆部队2,450人。任务是空袭荷兰港美军海空基地，破坏阿达克岛的美军军事设施，攻占基斯卡岛和阿图岛，准备迎击美军舰队。

岸基航空部队：由第11航空舰队司令冢原二四三海军中将指挥，辖轻巡洋舰1艘、驱逐舰3艘、运输舰19艘以及各种岸基飞机214架。其中36架零式战斗机由第1、第2机动部队的航空母舰携带，准备在占领中途岛后立即以岛上机场为基地，实施空中作战。该航空部队的任务是侦察珍珠港方面美军舰队情况，在各部队实施中途岛作战期间，尽可能以太平洋各岛屿为基地，广泛进行空中侦察与警戒。

在山本的作战计划中，日军总计动用水面舰艇206艘、舰载飞机约470架、岸基飞机214架、登陆部队及基地设置部队1.68万人。动用如此庞大的海上兵力，是日本海军70年来从未有过的。

到5月中旬，作战准备工作接近完成。各舰队已经开始集结。5月18日，参加中途岛登陆的陆军分队司令率领参谋人员登上"大和"号，听取山本的训令，了解有关作战计划。至此，所有参加作战部队的关于作战计划都已部署完毕。

5月19日，"大和"号回到柱岛基地去完成出击前的最后准备。

5月20日，山本发布命令，将舰队部队的战术编组最后确定下来。

至此，在山本五十六导演下，一场关系太平洋战争命运的海上大决战拉开了序幕。

第二章

尼米兹调兵遣将

　　罗彻斯特带领情报小组昼夜工作，查遍了所有的资料，最后初步确定日军密电中提到的"AF"指的就是中途岛。……尼米兹最后总结说："总之，这一次战役将非常艰苦，什么情况都有可能发生。但不管怎样，美国舰队绝不能钻进日军设置的圈套。相反，我们要像老鼠那样，既要一口一口地吃掉鼠夹上的奶酪，又要不触动夹子上的弹簧。"

No.1 "AF 就是中途岛！"

珍珠港事件，日本人重创了美国太平洋舰队。如同其他国家一样，失败的直接责任者太平洋舰队司令金梅尔海军上将成了替罪羊。接替他的是切斯特·W·尼米兹。1939 年 8 月，尼米兹被调任海军航行局长（后称海军人事局），那时他 54 岁，整洁而富有活力，肤色红润，淡黄色的头发刚刚开始变白。这是一个相当高级的职务，有助于尼米兹更全面地了解海军，尤其是熟悉海军的众多将领。珍珠港事件发生时，尼米兹正在家中陪伴生病的妻子。得知珍珠港遭到袭击，凭着军人的直觉，他感到事情非同寻常，并立即动身前往海军部。与夫人分别时，他回答说："只有上帝才知道我什么时候才能回来。"

此后的日子里，尼米兹忙于各种本职工作。他不知道，一件关系到他个人和美国命运的重要任命正在酝酿中。珍珠港事件 10 天后，12 月 16 日，连日疲惫不堪的尼米兹刚刚在办公室坐定，电话机就叫了起来："我是诺克斯，刚从白宫总统那里回来。请你放下手边的一切工作，立即到我这里来。"海军部长不想在电话里多说一句话。

正在等待的诺克斯没有请尼米兹就座，他显然很激动。珍珠港事件后的整个美国都非常激动，劈头就问："你最快能在什么时候出发？"

"这要看去什么地方，在那里待多久。"尼米兹不解地回答。

"去太平洋舰队，我想时间会很长。"诺克斯紧紧盯着尼米兹的眼睛。

尼米兹大吃一惊，去年他就听说总统有让他出任美国海军总司令的意向，可他不愿成为众矢之的。毕竟自己的资历太浅了，难免遭人非议。如今情况还是一样，而且是去接替一位老朋友，因此更感为难。他小心地问道："是最后决定吗？"

"总统对你很看重，而且现在是战争时期。"诺克斯的回答不容置疑。

下午，尼米兹和诺克斯，以及美国海军总司令金海军上将一起被召到白宫谈话。临别时，罗斯福总统充满期待地摇着尼米兹的手说："坚守岗位，等战争打赢了再回家。"

步行回家的尼米兹坐在生病的夫人身边，长时间沉默着。妻子看出了什么，问道："什么事，发生了什么事？"

"我就要成为太平洋舰队的新的司令官了。"

"你总想去指挥一支舰队，你认为那是崇高的荣誉。"妻子淡淡地表示祝贺。

"不过，我不得不告诉你，那不是一支完整的舰队，它的大部分已经沉入海底了。"尼米兹苦笑了一下。

1941 年 12 月 31 日上午，停靠在珍珠港潜艇基地码头的一艘潜艇的甲板上，正在举行新的太平洋舰队总司令的就职仪式。对于潜艇，尼米兹并不陌生，他曾在潜艇上干过很长时间。看着桅杆上冉冉升起的四星将旗，一个记者问新任总司令有何打算。尼米兹做了一个夏威夷式的表情，然后回答："枕戈待旦，把握时机，争取胜利。"

当天下午，尼米兹召集司令部成员开会。会议气氛沉闷、压抑，人人都做了最坏的准备，因为他们多多少少都与珍珠港的惨败有关系。许多人都在猜想，这次会议是新总司令在把他们分配到边远而又艰苦的地方去之前，而召开的送行会。

出乎大家的意料，尼米兹对每一个人都表示了充分信任，他并不认为他们应对刚刚发生的悲剧负什么责任。他表示，作为前航行局长，他知道选调到太平洋舰队工作的人都是有才能的，只不过时运不佳。

▲ 美国太平洋舰队总司令尼米兹海军上将。

"可是，运气不可能总是光顾日本人的家门。"尼米兹调侃似的说道。

对某些关键位置上的人员必须坚决留任，这是尼米兹离开美国本土时就想好了的事。其中也包括舰队的情报主任埃德温·莱顿少校。以后的事态发展证明，尼米兹的这个决定使美国及太平洋舰队获益匪浅。

作为主管情报工作的负责人，对日军偷袭珍珠港没有预见，也未能向上级提出预先的情报，莱顿为此一直内疚不已，甚至做好了受处分的准备。但尼米兹却把他留下了，这表现了对他的信任和尊重。莱顿下定决心，一定要作出成绩来。果然如此，莱顿不久就为尼米兹以及整个美国挽回了荣誉，他带领情报小组成功地破译了日本的密码，准确地预见了日本联合舰队即将在中途岛发动进攻。莱顿为此深得尼米兹信任，在第二次世界大战中，尼米兹一直把莱顿留在太平洋舰队司令部工作。

尼米兹当然不会忘记罗斯福总统的厚望，整个美国都憋着一口气，盼望太平洋舰队能给日本鬼子一顿暴揍。可尼米兹有他的难处。凭手头伤痕累累的舰队，想出口恶气，谈何容易。稍有不慎，就会蚀光了仅剩的本钱。当务之急是必须首先搞清日本人下一步的企图。知己知彼，方能百战百胜，这对处于劣势的一方显得格外重要。

莱顿及其情报小组很快就忙碌起来。情报小组人才济济，包括天才般的罗彻斯特少校。莱顿和罗彻斯特是一对好朋友，1929 年他们被海军送到日本学习时就时常在一起，此后一直在情报小组工作。他们每天多次通过保密电话分析情况，交换看法，然后由莱顿向司令部提出报告。莱顿判断敌情准确，特别善于像日本人那样去思考问题。许多同事开玩笑说

▲ 美海军部长诺克斯（中）与海军上将金（左）共赴罗斯福总统召开的军事会议。

他简直就是"联合舰队的首席参谋"。而罗彻斯特手下有一个精干、效率极高的专家组。他们中间有海军最好的密码专家,有夏威夷大学的数学教授以及各个领域的怪才。经过长时间的监听,他们积累了丰富的经验。到1942年,他们甚至仅从发报习惯——速度快慢、指法轻重——就能辨别出是日军哪个发报员在发报。例如,他们知道"赤城"号航空母舰的报务员指法很重,就像在键盘上蹦跳一样。听到这样的信号,他们谁也不会弄错。

到1942年3月,罗彻斯特已经通过监听通信呼号,掌握了大多数日本军舰的移动位置,误差不超过300海里。

尼米兹最初也不敢过于相信罗彻斯特的班子。如果侦听的情报真的那么有价值,为什么日本人偷袭珍珠港时,他们不知道? 但通过几次事件,尼米兹渐渐地开始重视侦听、破译工作了。4月上旬,罗彻斯特侦听到一个重要情报。当时,日本联合舰队的航空母舰正在印度洋方面进攻英国的东方舰队,并取得了新的胜利。通过仔细分析,罗彻斯特及时向尼米兹提供了4条参考消息:一、日军在印度洋的作战任务已经结束,舰队正向国内基地集结;二、日军没有进攻澳大利亚的打算;三、新几内亚东部将面临新的进攻;四、日本海军将在太平洋地区发动更大的攻势,并将动用联合舰队的大部分兵力。

这个判断除了在具体细节上尚不明确之外,可以说对日本海军下一步动向做了基本估计。为了慎重起见,尼米兹按照情报提供的信息,把手中仅有的航空母舰部队派往珊瑚海,预先等候日军到来。果然像是情报分析的那样,5月初,日本舰队如期而至,将作战矛头直指莫尔兹比港。早已做好准备的太平洋舰队立即迎战,在珊瑚海一带给日本海军以沉重打击,阻止了其对莫尔兹比港的进攻。

珊瑚海的遭遇战证明了情报判断的准确,也使尼米兹对预报中的太平洋将爆发大战的情报深信不疑。珊瑚海战结束后,尼米兹拍着罗彻斯特的肩膀说:"你告诉我日军打算干什么,然后,由我来决定我们应该干什么。"

珊瑚海海战以后,珍珠港战术情报小组昼夜轮番工作,监听日军的密码电报。据获悉的情报,日军下一次作战的意图虽然不太清楚,但有一点可以肯定,进攻中部太平洋岛屿的可能性很大。可是美国中部太平洋岛屿成千上万,到底哪一座岛屿是日军下一次进攻的战略目标呢? 尼米兹认为,日军可能进攻的是阿留申群岛、夏威夷的珍珠港或者中途岛。直觉提醒他,不管日军的最终目标是哪里,似乎都不可能绕过美国在中太平洋最周边的前哨阵地中途岛。

推断需要证实,因此,尼米兹特意交代情报小组,要尽一切可能尽早弄清日军的情况。罗彻斯特率领全体人员,加班加点工作。很快,情报小组在日本海军军令部发给联合舰队的一系列密电中,经常听到两个最常出现、最引人注意的字母"AF"。

"唔，AF！"罗彻斯特中校吃惊地叫出声，随即吩咐他的下属："不要间断，继续监听！"

接下去的几天，"AF"这个代号出现的次数逐渐增多，有时似乎是作为一个目标，有时又表示一个舰队集结的地点。

"AF"这一奇妙莫测的电波，当时简直成了回荡在太平洋上空的幽灵、魔影。

对这一秘密代号，这一代表战略进攻和军事行动的代号，罗彻斯特和他的情报小组绞尽脑汁，一连几天也没有解开疑团。

"啊，AF！想起来了！"

有一个情报员忽然回忆起来，几个月前日本水上飞机袭击珍珠港时，通信中也曾使用过"AF"。于是，大家分头细心地从堆积如山的电文中查寻到，当时一架日本水上飞机在中途岛附近的一个小岛，从潜艇上得到了燃料补充，在电文中提到加油的地点在"AF"附近。

"看来，这个 AF 只能是中途岛！"罗彻斯特一口断定说。

他立即将这一重要情报向华盛顿方面汇报。白宫和海军部的战略家们非常重视这一情报，但是看法不同，罗斯福总统猜测日军下一轮总攻的目标可能是阿拉斯加或者美国西海岸；海军部长金海军上将认为也许是夏威夷；而陆军方面则担心日军要空袭旧金山。

为了进一步证实"AF"是否指的就是中途岛，罗彻斯特到夏威夷太平洋舰队司令部，与情报参谋莱顿上校商议，可否指示中途岛基地拍发一份明码诱饵电报，内中用浅显的英语报告，说中途岛淡水蒸馏设备发生故障，饮水告急，试探东京方面有什么反映。

经请示后，舰队司令尼米兹将军同意了。

中途岛方面接到命令后，照此发了电报。第二天，罗彻斯特的战术情报小组昼夜监听东京当局的电讯，果然收听到接连不断的密码电报，其中多次地出现"AF"。

"AF"缺乏淡水，"AF"缺乏淡水……补给舰务必向"AF"登陆部队提供淡水……

石破天惊。尼米兹将军当即电告华盛顿，罗斯福总统当天通知以马歇尔将军为首的参谋长联席会议，十万火急，举国上下积极备战。

对于情报小组的分析，美国国内的许多人都不相信。他们认为，日军集结这样庞大的兵力，针对的目标绝对不会是一个小小的中途岛，真正目标不是夏威夷，就是美国西海岸。《檀香山广告报》发表文章说："内行的观察家们今天在这里预测，日本人将对阿拉斯加和夏威夷发动冬季攻势。阿拉斯加在军事上是太平洋的基石，是日本人进攻的首要目标。由于冬季的不利因素,进攻曾一度被搁置。可是现在,某些方面正在准备应付这一进攻。夏威夷的军方总督迪洛斯·埃蒙斯中将已经向公众发出警告:夏威夷将遭到攻击……"

陆军部长史汀生忧郁地在日记中写道:"近几天不断传来令人惊恐的消息,说日本人已在集中兵力准备向我发动进攻,以报东京被炸之仇。由于消息有根有据,我们现在正不安地揣摩他们的进攻地点。

▲ 马歇尔(右)与英国首相丘吉尔在一起。

究竟是阿拉斯加,还是西海岸,还是巴拿马。乔治·马歇尔十分紧张,今天下午对我说,他打算到西海岸看看。"

陆军参谋长马歇尔上将疑虑重重,他的担心连尼米兹也不能不认为有道理:"日本人这样漫不经心地暴露自己的企图,似乎有点太过分了。要是我们真的上了当,把有限的舰队集中在中途岛,而日本人却虚晃一枪,乘机进攻其他地方,那我们可就惨了。"

对于罗彻斯特提交的关于"AF"的密码破译情报,马歇尔认为,谁敢断定这不是日本人制造的"烟雾"?"如果日本人突然意识到我们破译了他们的密码,他们自然会将计就计,将我们引入歧途。"

No.2 把宝押在中途岛上

尼米兹面临上任以来最棘手的抉择:如果他采纳情报小组的意见,把所有舰队都集中到中途岛,其他地方就顾不上了。如果选择正确,那么什么都好说;但是,如果真的像其他人分析的那样,日军只是在中途岛虚晃一枪,而攻击的目标是夏威夷或美国的西海岸,那样一来,尼米兹必定成为千古罪人,只好卷起铺盖回家了,就像他的前任金梅尔海军上将一样。

自从有关日军行动的情报出笼后,一连几天,尼米兹茶饭不思,翻来覆去地考虑。联合舰队的主要力量正齐聚日本国内基地。这难道仅仅为了一个弹丸小岛?日本人集结的力量如此之大,足以威胁夏威夷和西海岸的安全。 问题是,美国再也经不起又一次重大失败的打击了。华盛顿完全有理由指东道西地表示担心,这也不能丢,那也要防备。可尼米兹做不到面面俱到,他没有全面布防的实力,他手中有限的舰只和飞机只能最大限度地集中在一个点上。即便如此，能否抗得住日本新一轮进攻还很没有把握。

尼米兹后来回忆说："中途岛战役前和战役期间，我很少睡觉，需要考虑的事情实在太多了。"

经过仔细的考虑，尼米兹最终认为罗彻斯特的情报是可信的。日军为了对付美国的抵抗，可能动用大量兵力。他们的主要目的可能是要把处于劣势的美国太平洋舰队引出来，以便加以歼灭。用电报把作战计划发给部队，是说明山本的作战行动日程非常紧迫，除了用电报及时传达外，再没有其他办法了。

时间一天一天过去，身为太平洋舰队最高负责人，尼米兹必须尽快作出决定，否则一切都来不及了。最终，他作出了就任太平洋舰队司令后的第一个重大决定：既然"遍撒胡椒面"的部署注定要失败，倒不如冒一次风险，把宝押在中途岛上。

尼米兹决心以罗彻斯特的情报为依据，拟定作战方案。

5月2日，尼米兹亲临中途岛视察。他检查了岛上的所有布防，通知岛上驻军做好一切准备。随即，尼米兹向中途岛调集了大批飞机。仅仅几天时间，就有23架"卡特林娜"水上巡逻机、27架"野猫"和"水牛"式战斗机、16架"无畏"式俯冲轰炸机、17架"复仇者"鱼雷轰炸机、4架B－26"掠夺者"中型轰炸机和17架B－17"空中堡垒"式重型轰炸机进驻岛上，还有大批枪支弹药。驻守中途岛的兵力也增加了3倍多，凡是能驻扎部队的地方都塞满了人。

为鼓励防守中途岛的官兵英勇作战，尼米兹还分别提升中途岛基地指挥官西里尔·赛马德为海军上校，地面部队司令哈罗德·香农为陆军上校。

6月初的中途岛已经变成了一座要塞。整个5月期间，尼米兹都在加强岛上的防御力量，一批一批的海军陆战队队员被送往中途岛。弹药和物资已经下发，并分散储藏在各处的防空洞内。到处都是大炮，到处竖着带刺的铁丝网，海滩和周围水域密布着地雷和水雷。岛上军官食堂已有175名军官用餐，只好日夜供应。小小的中途岛承载了3,000多官兵和115架各类飞机的驻扎。

中途岛迅速成为人员充足、装备良好、高度警惕的前哨岛屿。鱼雷快艇不停地游动，一刻不停地进行巡逻。潜艇在岛西北到北方的100至200海里的地方，警戒着进岛的各条通道。

尽管岛上的指挥官向尼米兹拍过胸脯，保证不会丢掉中途岛。可尼米兹知道，无论中途岛本身的堡垒如何坚固，也难以经受日本联合舰队数百架舰载飞机和数百门舰载火炮的打击，守住中途岛的唯一希望在海上，只有特混舰队重创了日本舰队，才能挽救中途岛。不过岛上的岸基航空兵在抵挡日军方面将会发挥一定作用。从这个意义上讲，中途岛等于是尼米兹手中的又一艘航空母舰，而且要坚固很多。

▲日军攻占了巴布亚新几内亚，给澳大利亚的海上航线带来了巨大的威胁。

在尼米兹的战略决心中，他根本没有指望中途岛能保护自己。日军出动了有史以来最强大的兵力，要保住中途岛，唯一的办法就是当日军飞机还在甲板上时就袭击日航空母舰，把进攻中途岛的力量消灭。

5月中旬，珊瑚海上的航空母舰之战刚刚结束，参战的第17特混舰队的弗莱彻少将就接到尼米兹的命令：

一切就绪之后，以最高巡航速度返回珍珠港。

与此同时，正在南太平洋游弋的哈尔西中将也接到了命令，要他率第16特混舰队速返珍珠港。

尼米兹没有告诉他们具体情况，但二人都预感到将有重大事件发生。接到命令后，弗莱彻和哈尔西率领各自的舰队星夜赶往珍珠港。在等待弗莱彻和哈尔西回来的时间里，尼米兹计算了一下自己与山本大将的实力对比。日本人有10艘航空母舰，虽说其中两艘在珊瑚海受了伤，但它们正在返回日本本土，经过修理，预计能赶上参战，而美国太平洋舰队仅有哈尔西的"企业"号和"大黄蜂"号两艘航空母舰完好无损。弗莱彻仅剩的"约克城"号航空母舰也受了重伤，正在基地进行紧张抢修。至于其他主要作战舰只，日军拥有包括世界最大、最新的"大和"号在内的11艘快速战列舰，尼米兹只有6艘速度缓慢、难以追随航空母舰作战的战列舰。此外，日军有23艘巡洋舰，尼米兹只有8艘。

实力对比太悬殊了！好在莱顿和罗彻斯特的情报表明，山本将把2艘航空母舰、6艘巡洋舰和13艘驱逐舰为主的部分力量用于北方的阿留申群岛。而且侦听证明，日本人并未加紧修理从珊瑚海返回的 2 艘受伤的航空母舰。也许山本认为，缺了它们并不妨碍对美国人的压倒优势。这样删减一下，尼米兹稍稍宽了点心。但是仅南云忠一率领的第 1 机动部队就足够美国人挠头了。这支拥有 4 艘航空母舰的机动部队，是从珍珠港一直打到印度洋的无敌之师，更何况还有包括 2 艘航空母舰在内的联合舰队的其他兵力。

尼米兹唯一的优势就是准确的情报，他完全离不开莱顿和罗彻斯特了。在他看来，这两个家伙每人都抵得上一艘航空母舰，甚至说他们是两支特混舰队也不为过。

5 月 25 日，尼米兹和他的高级助手们齐集舰队司令部的会议室，焦急地等待罗彻斯特的到来，准备听他汇报日军最新动态。但罗彻斯特迟迟不见。那些军衔很高的与会者相互对视，面露不悦。按理说，一个少校军官是不敢对司令官失约的。

半个小时后，皱着眉头、有些心神不安的罗彻斯特终于来了。尼米兹扫了他一眼，明显露出了自己的不满。罗彻斯特表示歉意，解释说他和助手们为了一份密码电报熬了一个通宵。

"那么，你能谈谈你们熬夜的收获吗？"尼米兹不无讥讽地问道。

罗彻斯特顾不上周围人们嘲讽的目光，急匆匆地汇报了情报小组的新发现："根据我们掌握的信息，日本联合舰队将在东京时间 6 月 4 日进攻阿留申群岛，6 月 5 日进攻中途岛。"

接着，他又介绍了联合舰队的兵力分配情况：除了阿留申方向，直接用于中途岛作战的日军兵力为 2 至 4 艘战列舰、4 至 5 艘航空母舰、8 至 9 艘重巡洋舰、4 至 5 艘轻巡洋舰、16 至 24 艘驱逐舰、至少 25 艘潜艇。

此外，山本将率领直辖部队参战。

听到这一切，会场沉静了好一会儿。日军舰队庞大无比，令人咋舌。

罗彻斯特最后说，在战斗开始前，他的情报组不再可能通过破译获得更多情报了，因为日军按照通常的做法已经更换了战时使用的密码，或者至少已下达了一套新的附加数码组。日军使用新密码后，破译人员需要几个星期的时间，在日军重复使用新密码之后才能识破密码的内容。

会议在压抑的气氛中结束，当莱顿刚要离开座位走出会议室时，尼米兹叫住了他："从现在起，我随时要听取你们的意见。我还有一个要求，就是你们要综合各种情况和所有数据，尽可能准确地预测出日军发起进攻的时间。"

莱顿不敢怠慢，一连几天都泡在情报室内，把几周来的情报资料翻遍了。他伏在图表上研究了中途岛附近的气象、风力和洋流。

时间并不算长，可尼米兹度日如年。最后，尼米兹把莱顿叫来，要他提供确定的细节。

莱顿说："我现在很难讲具体。"

"我要你讲具体，"尼米兹不容商量地说，"不管怎么样，这是我交给你的任务。你现在不是莱顿少校，而是山本五十六海军大将，告诉我你的作战计划。"

莱顿深思了一会儿，仿佛在竭力进入山本的角色。少顷，他开了口："先前我已经报告过，联合舰队将于6月5日进攻中途岛，现在我谈谈6月5日这一天的情况。东京时间凌晨3时，或者说当地时间早晨6时，中途岛的搜索飞机将在该岛西北325度方位、距离该岛175海里的地点发现日军。"

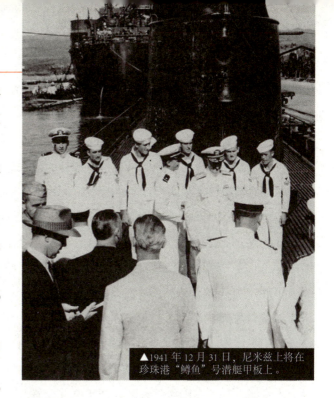

▲1941年12月31日，尼米兹上将在珍珠港"鳟鱼"号潜艇甲板上。

天啊！简直就像上帝在发出预言。实际情况是开战当天，南云第1机动部队的攻击机群于2时55分（当地时间5时55分）在中途岛西北320度方位、距离中途岛180海里处与美军搜索飞机遭遇。莱顿的推断与实际情况仅仅相差5分钟、5度和5海里！在浩瀚的大洋上，这简直就算不上是误差。

莱顿和罗彻斯特完成了任务，他们已经把日本人打算干什么告诉了尼米兹。剩下的就是尼米兹的事了，他应该决定太平洋舰队该怎么干。

No.3 "吃奶酪但不触弹簧"

5月27日拂晓，哈尔西的第26特混舰队出现在西南方的地平线上。该舰队的21艘军舰，包括"企业"号和"大黄蜂"号航空母舰，很快塞满了珍珠港。下午，哈尔西中将来到太平洋舰队司令部。

尼米兹已经内定哈尔西出任突击部队的最高指挥官。因为，迄今为止，比尔·哈尔西是美国最有名的航空母舰指挥官。他1940年开始担任海军主力舰队航空兵司令，领中将军衔。由于他对马绍尔群岛敌占区的进攻非常成功，成了太平洋战争以来美国人可以引为骄傲的第一位海军英雄。而且，他亲自指挥了杜利特尔小组对日本进行的空袭，在美国已成为家喻户晓的英雄人物。

但当尼米兹见到哈尔西后，却大吃一惊。哈尔西面容憔悴，体重减轻了 9 公斤。哈尔西 6 个月来除了在港口短暂停留外，一直待在船上。皮炎折磨得他夜晚不能入眠，白天心神不宁。尼米兹希望他能指挥即将到来的大战，可医生坚持要他住院治疗。

在危机到来前夕失去一位最有进取精神的航空母舰指挥官，的确是一个重大损失。在住院之前，尼米兹要哈尔西推荐一位合适的人选。哈尔西毫不犹豫地推荐了斯普鲁恩斯少将。斯普鲁恩斯 1907 年毕业于海军学院，曾在驱逐舰上任过职，当过轮机军官，在射击指挥方面也是行家。在突然面对这一挑战之际，他已经 56 岁了，曾先后担任美国海军学院的参谋和院长，担任过战列舰"密西西比号"舰长及第 10 海战区司令。太平洋战争爆发前不久，他任哈尔西的第 16 特混舰队巡洋舰队司令。

斯普鲁恩斯瘦长个儿，挺直的头发已渐脱落，面部表情严肃，高高的、沉思的额头下有一双明亮和像海水那样清澈的眼睛。在海军军官团圈内，斯普鲁恩斯并不出名，甚至他的一些同事认为他是个"冷酷的家伙"，一点幽默感都没有。实际上，他很幽默。但由于他为人真诚，只有在确实高兴时才面带微笑，在极度愉快时才会放声大笑。

在许多方面，斯普鲁恩斯与哈尔西恰好相反。哈尔西是那种咋咋呼呼，先干后想的人，而斯普鲁恩斯是冷静而镇定，凡事总三思而后行。哈尔西能唤起人的想象力和激情，而斯普鲁恩斯能触及人的心灵和理智。哈尔西常常溢于言表、慷慨激昂，而斯普鲁恩斯言简意赅，一语破的；他俩在太平洋战争中各自占有重要的、独特的地位，各自作出了巨大的贡献。尼米兹十分喜爱和赞赏他俩，曾精辟地归纳说："斯普鲁恩斯是将军的将军，哈尔西是水兵的将军。" 中途岛海战结束后，尼米兹说："这是一个我从不感到后悔的选择。斯普鲁恩斯有卓越的判断力。他这样的指挥官是先对各种情况进行彻底调查，然后进行细致周密的考虑，一旦决定打，就狠狠地打。斯普鲁恩斯与格兰特将军一样，善于把战争打到敌人那里……斯普鲁恩斯胆大，但从不鲁莽。他比较谨慎，而且有打仗的天赋。"

当天上午，斯普鲁恩斯乘坐旗舰"北安普顿"号巡洋舰随第 16 特混舰队驶入珍珠港。泊港后，他登上"企业号"，等着向正与尼米兹谈话的哈尔西报告并询问近期内的作战计划。在那里，斯普鲁恩斯得知哈尔西很可能要住院，但根本没有想到他自己将要接替指挥。后来他说："因为我不是飞行员，而且珍珠港有的飞行员资历比我老。我还以为他们之中的某一位将接替哈尔西的职务呢。"

随后，他接到立即到太平洋舰队报到的命令。在司令部里，尼米兹告诉他："日本人计划攻占中途岛并进而攻打阿留申群岛；我们将用现有部队进行抵抗，哈尔西已经住院，你将担任第 16 特混舰队司令并接管哈尔西的参谋班子。"

▶ 美国著名海军将领哈尔西。（左图）

▶ 美国第16特混舰队巡洋舰队司令斯普鲁恩斯将军。

第二天午后，弗莱彻少将的第17特混舰队抵达珍珠港。在珊瑚海海战中受伤的"约克城"号航空母舰在海面上拖着一条10海里长的油迹，歪歪斜斜地驶进已经准备好的船坞，等待修理。尼米兹上将脚穿长统靴，带着一个检查组混杂在几百名蜂拥而上的工人中，登上了"约克城"号。他发现"约克城"号尽管受伤严重，但它的推进器、升降机都完好无损，木制的飞行甲板在返航途中已经修好，被炸坏的门舱可以用木料暂时撑住，其他的伤处需要费点儿时间，但绝不像有人汇报的那样，非3个月不能重新出动。

"90天？都可以把'约克城'修成新的一样。可我不需要一艘新舰，只要它能够参战就行了。"尼米兹阴沉着脸下令："3天之内，它必须出航。"

尼米兹离开的时候，焊接工具、钢板和其他材料，以及电焊的弧光，已经把"约克城"号变成了忙乱的工厂。

5月28日，夕阳斜照在停泊整齐的军舰上。尼米兹在他的办公室里召开临战前的最后一次会议，讨论制订作战方案。出席者有中太平洋舰队司令尼米兹、参谋长德雷梅尔少将、作战参谋麦克莫里斯海军上校和情报参谋莱顿，第16特混编队司令斯普鲁恩斯、作战参谋伯雷克中校，第17特混编队司令弗莱彻、作战参谋辛德勒中校。

会议决定，在处于兵力劣势但明晰对方计划的特定情况下，应以出其不意为作战原则，美军舰队在中途岛以北200海里处隐蔽待命，这一待机地点就以"幸运角"为代号，当日军舰队派出舰载机攻击中途岛之际，对日军航母实施突袭。此项作战计划编号为太平洋舰队第29-42号作战计划。为了能尽早发现来袭之敌，美军在中途岛以西700海里、300海里、150海里分别部署1艘、3艘、6艘潜艇，组成警戒线进行巡逻，在中途岛西北海域部

◄美国第 3 舰队"独立"号航空
母舰（最前者）。

署 2 艘潜艇做机动巡逻。并从 5 月底开始每天派出 22 架次水上飞机对中途岛以西 700 海里范围按不同扇面进行长达 15 小时的巡逻搜索，以便在日军舰队进入攻击距离之前就能被发现。此外，尼米兹还特别命令正在珊瑚海活动的"坦吉尔"号和"盐湖城"号巡洋舰使用航母通常所使用的无线电频率发报，实施无线电伪装，欺骗日军的无线电监听。

　　会上没有人说慷慨激昂的话，也没有悲观失望的情绪，这是一个对严酷事实进行冷静分析的会议。只有尼米兹细软柔和的声音在室内飘荡。他说："日军不久将以其航空母舰部队首先从西北方向进入中途岛海域。由于盟军舰只不足，不能把这些有限的力量部署在敌人和中途岛之间。为了取得作战的突然性，主要作战部队将埋伏在日军侧翼。弗莱彻和斯普鲁恩斯的舰队处于劣势，若与日军正面交锋，必将陷于灭顶之灾。"尼米兹说到这，打了一个比喻："就好比聪明的牧羊犬驱赶野狼那样，从侧翼进攻，突然冲上去咬一口，这就是我们要采取的打法。"

　　尼米兹同时通报了华盛顿以及海军总部对这次战役的指示。由于日军联合舰队倾巢出动，因此，必须估计到另外一种可能，如同司令部一直担心的那样，日本的真正目标是珍珠港或者美国的西海岸。

　　"我们对此必须有思想准备，危险并不只在中途岛。因此，海军总司令金上将专门给我们提出要求，只能采取强有力的消耗敌人的战术，不能以航空母舰和巡洋舰去冒险。"

　　随后，尼米兹走到一张巨大的海图前，再一次解说作战计划。次日一早，斯普鲁恩斯率领先遣部队起航，弗莱彻也随后出发。他们将在北纬 32 度、西经 173 度、距中途岛东北约 325 海里处会合。尼米兹满怀希望地把这个会合点称为"幸运点"。至于会合的时间则要求非常精确，如果晚了，美军的整个计划就会落空；如果早了，被日军发现的概率就会加大；如果其中一支舰队迟到了，另一支舰队将被迫单独出击，这样一来，能否取胜就变得非常没有把握，甚至有可能遭到惨败。

会合固然需要准确计算时间，而选择进攻发起的时机则更需要精细、恰当。它必须同时具备三个条件：第一，让日军接近中途岛，但又不能太近；第二，自己尽量接近敌人，但也不能太近，第三，依靠侦察手段和个人的直觉，在最恰当的时机突袭日军，同时要避免自己遭受类似的袭击。

即使是对两名必须在高空携手，否则就要丧命的杂技演员，也未必要求做到这样的分毫不差。但是，美国舰队必须做到。正如尼米兹后来写到的："当时，整个形势非常困难，需要我们的航空母舰最最精确地选择时机……"

虽然困难很多，但美国方面也有几个有利因素，利用得好，也许会创造奇迹。除了情报优势和作战的突然性之外，美军还可享受内线作战的好处。从地图上不难看出：中途岛距离珍珠港约 1,140 海里，而离日本联合舰队的柱岛基地却有 2,250 海里。

尼米兹的另一张王牌是太平洋的海底电缆。1903 年，这条电缆从檀香山铺设到马尼拉，中途岛是其中的一个中继站。战役开始前，珍珠港和中途岛之间忙碌的通信联络大部分是经由这条电缆沟通的，保密性很好，日本人无法了解美国人在搞什么名堂。

此外，美国的雷达也比日本先进得多，可以保证先于敌人发现目标，掌握作战先机。而且，短距离的舰与舰、舰与机之间的通话，可以通过无线电话系统进行。对此，日本人也无法截听。

会议进行了一个多小时，尼米兹把要说的话全部说完了。与会者个个严肃认真，他们知道，与握有一手好牌的山本相比，自己有取胜的可能，但把握不大。

最后，尼米兹用平和而坚定的语气再次提醒大家："无论如何，必须遵循不轻易冒险的原则。记住，太平洋舰队和美国海军的家当不是用来赌博的。总之，这一次战役将非常艰苦，什么情况都有可能发生。但不管怎样，美国舰队绝不能钻进日军设置的圈套。相反，我们要像老鼠那样，既要一口一口地吃掉鼠夹上的奶酪，又要不触动夹子上的弹簧。"

当宣布散会，将军们离开办公室时，夜幕已经降临。弗莱彻和斯普鲁恩斯并肩走下台阶，步入夏威夷柔和的夜色之中。虽然他们还有许多问题需要考虑，但面对即将到来的考验，他们头脑冷静，态度现实，而且毫无惧色。

即使尼米兹作了最充分的准备，但整个 6 月初的几天，美国仍然举国上下处于杯弓蛇影、草木皆兵的紧张状态中。华盛顿方面不相信仅仅为了攻击一个不满 5 平方公里的圆礁形小岛，日本海军几乎倾巢出动，组织如此庞大的舰队。日方是否用"AF"放出烟幕弹，而真正进攻的目标是夏威夷，或者美国西海岸……估计到这一层，华盛顿当局惊恐万状，如临大敌，连白宫也加强了防空措施。珍珠港沉痛的教训实在让美国人吓破胆了。华盛顿当局无论如何不能完全打消日军的真正攻击目标可能是夏威夷和西海岸这个念头。日本人手段之狡诈，用心之险恶，美国领教得实在太多了。因此，可以说在中途岛第二线，美国本土和夏威夷也在严密地注视日本舰队的动态，陆海空三军积极投入战备状态。美国西海岸几个重要城市，如旧金山、洛杉矶、圣克利门蒂和圣路易斯奥比斯波的广播电台，停止民用广播，改用军用战时播音。旧金山一连响起了长达9分钟的"备战警报"汽笛。无线电里连续高声广播："敌人可能于近日发动海空攻击，请全民注意，务必提高警惕！公共场所停止一切娱乐活动，注意收听警报！……准备战斗，消灭入侵之敌。"

6月1日，华盛顿当局向加利福尼亚州海岸以西400海里海域派出海上巡逻队。各城市驻军向美国人民发出警告，要求他们一旦发现穿美式军装的日本人，就立即报告。少数日本侨民已经被集中关押。战前，美国人吃够了日本间谍的苦头。几支沿海大城市的武装驻军，日夜在港口和街头巡逻，而他们更多注意的是天空，几个月前珍珠港的灾难就是从天而降。

夏威夷群岛充满着更大的惊恐和紧张。几个月前投完炸弹溜掉的日军轰炸机，至今似乎还残存着一缕幽魂在空中游荡，令人心有余悸。这里到处流传着日本大批舰队向夏威夷开来的消息。为了准备收容死伤人员，陆军医院的全部患者除特殊重病号外，一律转移，腾出床位。太平洋舰队司令部要求住在珍珠港和檀香山市区的老弱病残和妇女儿童，一律疏散到安全地带。珍珠港开始了最紧张的备战活动，工厂停止生产，商店、餐厅和酒吧大门紧闭，工人和职员们自动组织民防义勇队，彼此一见面，就瞪着惊骇的大眼睛说：日本人正在到来！

夜里，西海岸几个大城市的灯火完全熄灭，普通的美国人守候在防空洞附近，日以继夜地注视着天空。哪怕有一点风吹草动，或者夜空中掠过一颗流星，人们都毛骨悚然，以为是日本飞机来了。

与美国西海岸诸城的居民惊恐万状的情形不同，在太平洋舰队司令部作战指挥室里，尼米兹率领部下正严阵以待。指挥室内挂着厚厚的窗帘，尼米兹将军和他的作战参谋们紧张地工作着，电报和电话连续不断。两天前，尼米兹已经派出侦察机，在距离中途岛600至700公里的范围内进行巡逻飞行，命令只要一发现敌舰队，就在攻击前发出战斗警报。12艘潜艇已经出动，它们带有双重战斗任务，一是攻击敌航空母舰，二是向司令部电告敌情。

第三章

大战在即

　　山本五十六一共动用了包括 8 艘航空母舰在内的水面作战舰只、水下潜艇和各类辅助舰只共 206 艘（其中还不包括扫雷艇、巡逻艇等小型舰只），以及 469 架舰载飞机。动用如此庞大的海上兵力是日本海军建军 70 年来前所未有的壮举，光出征所需要的燃油，就超过了战前日本海军一年的耗油总量……6 月 3 日下午 4 时，斯普鲁恩斯与弗莱彻在"幸运点"如期回合了。看上去一切顺利，也许今后还会交好运。

No.1 庞大的日军舰队

1942年5月27日，濑户内海西部天已破晓，霞光映照着太平洋战争开始以来最大限度地集中的日本舰队。

这个地方名叫柱岛，它位于著名的广岛市南面。柱岛锚地周围是许多丘陵起伏的小岛，在外表的和平假象下，岛上的每座小山顶都部署了加着伪装的高射炮群。锚地之大足以容纳整个日本海军，而且远离商船航道。这是联合舰队的待机锚地。战争开始以来，联合舰队司令部已经几个月没挪窝了，以致海军军官干脆把联合舰队司令部称作"柱岛"部队。

锚地的红色系水鼓上，系着联合舰队的旗舰——重达1.8万吨的"大和"号战列舰。通到岸上的海底电缆可以使"大和"号与东京直接通话。在它的周围，集结着68艘军舰，占联合舰队主要水面兵力的绝大部分。

由山本大将直接统率的第1战列舰战队包括"大和"、"长门"、"陆奥"号共3艘战列舰。它们和第2战列舰战队的"伊势"、"日向"、"扶桑"、"山城"号一起共是7艘战列舰。每艘巨大的战列舰周围都布设着防雷栅。其他军舰则泊在战列舰周围，以进一步保护战列舰不受飞机和潜艇的攻击。它们是：第9巡洋舰战队的2艘轻巡洋舰，第3驱逐舰战队的旗舰及12艘驱逐舰，第1驱逐舰战队的8艘驱逐舰，"凤翔"号轻型航空母舰及所属的1艘驱逐船。

除了第1战列舰战队外，所有这些军舰都属于高须四郎海军中将指挥的第1舰队。开战以来，第1舰队和第1战列舰队一直待在柱岛待命，官兵们早就腻透了，盼望着能扬帆出海，征战沙场。

上述部队的北面，停泊着南云忠一海军中将指挥的第1机动部队的21艘军舰，其中包括"赤城"、"加贺"、"飞龙"、"苍龙"共4艘大型航空母舰，以及2艘高速战列舰、2艘重巡洋舰、1艘轻巡洋舰和12艘驱逐舰。此外还搭载了各类舰载飞机280架。刚刚完成印度洋方面作战的南云部队，此番又将充当联合舰队的主要打击力量，其任务是率先空袭中途岛上的美军机场及各种设施，消灭岛上的美军航空兵，支援两栖登陆部队占领该岛，同时歼灭可能来犯的美国舰队。

在第1机动部队的西面，是第2舰队司令官近藤信竹海军中将指挥的部队，该部队拥有4艘重巡洋舰、2艘高速战列舰、1艘轻巡洋舰及8艘驱逐舰，外加"瑞风"号轻型航空母舰。近藤中将的任务是在指定海域与另一支输送登陆部队的舰队会合，这支舰队拥有4搜重巡洋舰、1艘轻巡洋舰、13艘驱逐舰以及庞大的运输部队。会合后的舰队将在南云的机动部队消灭了中途岛上美军航空兵后，直接掩护两栖部队登陆，占领中途岛，同时准备迎战美国舰队。

　　蓝灰色的庞大舰队静悄悄地停泊在海面上，每艘军舰都加满了燃油和补给品，水线被压得很低。尽管锚地一片寂静，但人们都感到激动的情绪弥漫在整个舰队的四周。

　　柱岛锚地的官兵们知道，他们所在的军舰远不是山本大将准备动用的全部。在北方的大凑基地，已经集结了第5舰队司令长官细萱戊子郎中将率领的另一支打击力量。它们包括2艘航空母舰、3艘重型巡洋舰、4艘轻巡洋舰、13艘驱逐舰。这支北方部队将去寒冷的阿留申群岛执行另一项辅助作战任务：攻占该群岛西部要地，消灭北方的美国海空军力量，从北面筑起拱卫日本本土的坚强屏障。一旦美国太平洋舰队北上驰救阿留申方面，那么等待它的同样是一幅张开的大网。

　　山本大将一共动用了包括8艘航空母舰在内的水面作战舰只、水下潜艇和各类辅助舰只共206艘（其中还不包括扫雷艇、巡逻艇等小型舰只），以及469架舰载飞机。动用如此庞大的海上兵力是日本海军建军70年以来前所未有的壮举，光出征所需要的燃油，就超过了战前日本海军一年的耗油总量。

　　这些部队分为6支，其中直接用于中途岛主要作战方面的部队有4支：山本大将的第1战列舰编队（含1艘航空母舰）将部署在中途岛西北600海里处；南云忠一中将的第1机动编队（含4艘航空母舰）将部署在山本大将前面300海里处；小松辉久中将的潜艇部队将在中途岛和夏威夷之间构成三条警戒线；近藤信竹中将的第2舰队（含1艘航空母舰）将从西向东，正面进迫中途岛，完成登陆任务。此外，高须四郎中将的第1舰队主力将部署在山本大将以北500海里的阿留申群岛与中途岛之间的海域，准备随时支援两个方面的作战。第6支部队是北方舰队，其主力第2机动编队（含两艘航空母舰）在攻击阿留申群岛美军海空力量的同时，也兼有随时南下驰援中途岛的间接任务。

　　联合舰队像狼群一样，分布在以中途岛为核心的大洋各处，一旦发现目标，即会蜂拥

▲ 日本海军编队在航行途中。

而上，将猎物撕扯得粉碎。

　　山本五十六有意识地把出发日期选择为 5 月 27 日，是因为这天是帝国海军节。37 年前的这一天，即 1905 年 5 月 27 日，东乡平八郎海军大将曾指挥日本联合舰队，在对马海峡把俄国舰队打得溃不成军。因而，决定这一天出发，不仅预示吉利，而且官兵们士气高昂。这强大的阵势，可以说是日本帝国海军全盛时期达到最高峰的标志。全体舰队官兵们坚定地认为，他们将要进行的海战，必将在帝国海战史写下最光荣的一页。

　　山本五十六雄赳赳地走出旗舰指挥室，来到前甲板上，端起望远镜眺望着远海。一个值班参谋快步跑到他身后："报告司令长官，一切准备就绪。"

　　满面杀气、一头白发的山本五十六看看腕表："按时出发！"

　　"哈依，按时出发！"

　　5 分钟后，8 点整，"赤城"号航空母舰的信号桅杆上扬起了一面信号旗，发出了人们紧张等待的命令："按时起航！"

　　偷袭珍珠港的空中指挥官渊田美津雄中佐站在飞行指挥所里，观望着第 10 驱逐舰战队的舰只。驱逐舰首先起锚，沉重的锚链在穿过锚链孔的时候，上面的淤泥都被带起的水花冲刷掉了。第 10 驱逐舰战队之后，依次跟着的是第 8 巡洋舰战队、第 3 战列舰队第 2 小队、第 1 航空母舰战队和第 2 航空母舰战队。第 1 机动部队以严整的阵容开向历史上最重大的海战战场。

　　当第 1 机动部队驶出锚地时，将晚 2 天出发的其余部队激动地向第 1 机动部队送别。水兵们顺着舰上的栏杆列队欢呼，挥动帽子。大家向他们挥手告别，到处是一片欢欣，每个人都深信它是出发参加另一次辉煌的胜利。

▲ 日军航母上的士兵正在躲避炸弹的攻击。

2 小时后，第 1 机动部队已经通过伊予滩的一半，不久就要驶入丰后水道了。预计过了丰后水道，有可能遇上美国的潜艇。大本营每天都发来关于美军潜艇活动的综合报告，最新的情况表明，有十几艘美国潜艇在日本本土附近活动，搜集日军舰队动向的情报，并伺机破坏日本海上交通线。它们偶尔向珍珠港发报，这时，日本海军各地无线电测向站就竭力测出它们的方位。

南云海军中将的旗舰、新型航空母舰"赤城"号以 16 节航速，轻快地朝丰后水道和广阔的太平洋驶去。阳光穿过云隙照射着蔚蓝色的平静海洋。近几天，濑户内海西部总是阴天，而且闷热。如今，阵阵和风掠过。"赤城"号飞行甲板，使人感到心旷神怡。全舰队 21 艘军舰排成一列长蛇，各舰之间相隔 914 米，宛如和平时期海军大检阅。行驶在最前面的是木村进海军少将的第 10 驱逐舰战队的旗舰"长良"号轻巡洋舰及其所属 12 艘驱逐舰。接着是阿部弘毅海军少将的第 8 巡洋舰战队"利根"号（旗舰）、"筑摩"号重巡洋舰。后面是第 3 战列舰队第 2 小队"榜名"号、"男岛"号高速战列舰。"雾岛"号后面，则是第 1 航空母舰战队庞大的"赤城"号和"加贺"号航空母舰，这个战队是由南云海军中将直接指挥的。在序列的最后，是由山口多闻海军少将指挥的第 2 航空母舰战队，其中包括"飞龙"号（旗舰）和"苍龙"号航空母舰。南云部队的全部兵力就是这些。

不久，有十几艘等待潮汛的渔船出现在右舷。渔民们热情地挥手欢呼。左舷的由利岛，在朦胧的背景下，被衬托得极为醒目。

远方是薄雾中的四国海岸。

当舰队继续航进时，海军航空队的 3 架水上飞机拖着大皮靴似的浮筒从上空掠过。这

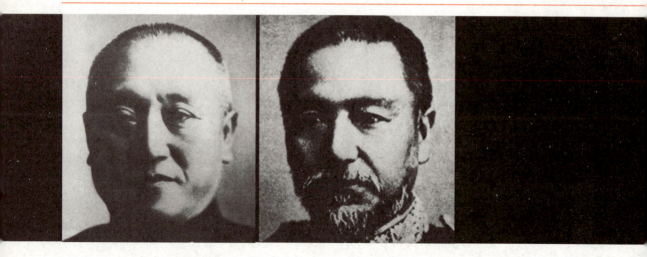

些飞机正飞往丰后水道外面，以对付可能在那里伺机伏击的美国潜艇。

到中午时，整个舰队已经通过丰后海峡的东端水道，进入深蓝色的太平洋水域。驱逐舰在没有占取环形的阵位之前，疏散开来迅速展开驱潜的动作。

在队形的中心，4艘航空母舰分为两个纵列航进，"赤城"号和"加贺"号在右，"飞龙"号和"苍龙"号在左。围绕它们的是由屏护舰组成的双重圆圈。其内圈系由两艘重巡洋舰和两艘战列舰编成，巡洋舰"利根"号和"筑摩"号在航空母舰的斜前方，战列舰"榛名"号和"雾岛"号则在斜后方。轻巡洋舰"长良"号和12艘驱逐舰组成外圆圈，以"长良"号为前导舰。

不久，夜幕笼罩了整个海洋。第1机动部队安全通过危险区后，掉头向中途岛方向疾驶而去。每艘舰上的气氛是紧张的。反潜战位上全员部署，警惕备战。为了避开可能跟踪的美军潜艇，南云下令以20节高速驶向东南。

渊田上床不久，就被阵阵剧痛折腾醒来。军医诊断是阑尾炎，必须立即手术。第2天下午，在病床上醒来的渊田心情非常沮丧，他已经不能再次率队升空，在中途岛再现珍珠港时的威风了。前来探视的飞行员们安慰他："你放心休息吧，没有你，我们同样会干得很出色。"

5月28日，登陆阿图岛和吉斯卡岛的部队在大凑港出发了。上午11时50分，"大和"号上的军乐队像往常一样在参谋官厅外面集合，5分钟后，官员们穿着浆洗得笔挺的白制服进入官厅就座，恰到正午，乐队轰然奏出进行曲。勤务兵来到山本的官舱门口敲门。山本早就准备好了，他走出走廊进入官厅，参谋们鞠躬致敬，这是旗舰进港以后的一种日常仪式，今天也不例外。

与此同时，在塞班岛，登陆中途岛的部队也开始出发。下午5时，"神通"号轻巡洋

◀日第 2 舰队司令近藤信竹中将。（左图）

◀日俄战争中大出风头的日本海军元帅东乡平八郎。

▶日本联合舰队司令山本五十六大将。

舰率领着 12 艘臃肿的运输舰和油轮离开港口，加入的几艘巡逻舰和"千岁"号、"神川"号两艘水上供应舰，跟在舰队后面，不久它们就要驶向中途岛以西一个小小的岛礁，去建立一个水上飞机基地，支援中途岛的登陆作战。

同天下午，粟田海军少将的重巡洋舰支援驶出了关岛港口，它们要在掩护登陆中担任重要的角色。

5 月 29 日，曙光初露，其他舰只开始起航。最先是近藤中将的强大战队。最后便是山本率领的主力舰队本身。早晨 6 时，桨叶运转，山本的 34 艘巨舰开始起航。由"大和"号超级主力舰领先，7 艘主力舰驶过丰后水道，进入太平洋。它们四周是一批驱逐舰担任警戒，还有巡洋舰和护航航母上起飞的飞机。部队留在濑户内海进行了严格训练，以备在可预见到的将来跟美国舰队的决战中起主导作用。这些巨型军舰的官兵们仍然相信，战列舰的巨大火力能赢得将来的战斗。"大和"号上的官兵们更是摩拳擦掌，急切地想去证明这一点。毕竟这次出征是"大和"号服役以来的处女航，官兵们不想辱没这艘世界最大的战舰和联合舰队旗舰的名声。

大战即将展开，山本的自我感觉反倒越来越差。5 月 25 日，借联合舰队举行最后一次沙盘演习的机会，他在旗舰"大和"号上为即将出征的军官送行。山本大将命令部下拿出天皇赏赐的米酒，为大家送行。就在大家兴高采烈之际，厨师端上了一道叫"加酱烧鲫鱼"的菜。山本见了，脸色顿时大变，脑袋忽悠一下子。往事历历在目，当年，他作为一名海军准尉，战时就因为吃了这道菜，结果在海战时被俄国佬的炮弹炸掉两根手指头。在占领中国的南京时，他在军舰上遇到了长江大鲫鱼，他制止住了厨师已经烧了一半的"加酱烧"，他们才取得了胜利。

▲ 日本舰队兵发中途岛。

负责伙食调配的勤务兵近江兵冶郎还没意识到是怎么回事。见此情景，副官疾言厉色地斥责近江：

"'加酱烧'是多么难听的字眼儿，在这种时候，怎么能吃这样的饭呢？"

近江恍然大悟！"加酱烧"，在日语里的发音是"失败"的意思。他赶忙认错说："是我和厨师的一时疏忽，以后一定要注意。好在长官脾气好，如果是脾气暴躁的话，说不定连盘子都给摔了呢。"

山本没摔盘子。他大声说："没关系，我们是大和魂的男子汉。"说着，把天皇御赐的葡萄酒连同杯子一道掷进大海。

想到两天前的这些不愉快的经历，山本不由得打了一个激灵。他匆忙走回卧室，拿起笔，给家人写下了战前的最后一封信：

正如你为我而竭尽全力一样，我也在为国家而身遭厄运，来往于战火硝烟之中。但为了国家和民族，我甘愿不辞万苦，视死如归。

我们已起锚出征，在海上约需 3 周左右的时间。我将亲自指挥全军作战。说心里话，对这次出征作战，我并不寄予多大期望。今天是海军的纪念日，但前面的道路崎岖坎坷，谁也不会料到将发生什么事情。

舰队很快到达公海，随即变成战斗队形：以战列舰编成两个纵列，"大和"、"长门"等在右，"伊势"、"日向"、"扶桑"、"山城"等在左。轻航空母舰"凤翔"号在两纵列之间占位，担负起飞和收回派出的巡逻飞机任务。轻巡洋舰"仙台"号同其他 20 艘驱逐舰则围绕战列舰群布成围幕。轻巡洋舰"北上"号和"大井"号担任后卫，以警戒追踪的潜艇。整个舰队以 18 节的速率向东南前进。

山本五十六率领联合舰队在海水滔滔、风雷夹击的大洋中，日夜兼程，飞速东进。他认为完全可以出其不意，把美国人打个措手不及。巨蟒想吞掉恐龙，可是谁也不敢说它是否会填进恐龙的胃。美国太平洋舰队占有一种优势，这种优势可以弥补它的不足。那就是，尼米兹占有准确的情报，根据掌握的情报事先布阵，主动埋伏。日本人勇则有余，谋则不足；美国人巧妙运筹，伺机而动，中途岛大海战已经悄悄地拉开了帷幕。

No.2 无线电静默

联合舰队各部队在 5 月 29 日一整天继续向东挺进，但到了 30 日，天气开始变坏了。当山本舰队和近藤舰队经过中太平洋时，天气突然骤变，风力增强，太平洋上雷声乱炸，狂风大作。傍晚，山本将军的主力舰队遇上了暴雨强风，哗哗的大浪打在舰艇的甲板上，能见度很差，航行十分困难。舰队不得不减低航速，在倾泻的狂风暴雨中踯躅前进，同时停止曲折航行。

不仅恶劣的天气是坏兆头。"大和"号的无线电员还截获到一份由位于日本运输舰群正前方的一艘美军潜艇发出的加急长电。电报是发到中途岛去的。日军无法译出该电的密码，但这已经暗示，日军运输舰群可能已被发现。如果这样，则美军几乎可以测定这些运输舰是驶向中途岛企图入侵的，因为从塞班岛出发采取东北东航向的一支如此庞大的船队绝不可能仅仅是一支驶向威克岛的补给部队。

山本大将听到报告后，不但没有惊慌失色，反而泰然自若。他那炯炯有神的眼睛冲洋面上横扫而过，满不在乎地告诉幕僚们，如果敌人已经猜到他们的意图，立即出动大批舰队迎击，正好达到他事先计划殊死一战、诱敌歼灭的目的。幕僚们无不敬佩山本胸有成竹，富于战略眼光。

5 月 31 日，天气仍然不好。不仅山本和近藤的部队，就连处于前方的南云部队也遇到强风和不时的暴雨。此时，"大和"号舰上的无线电情报截听到美军活动，尤其是在夏威夷和阿留申群岛附近的飞机和潜艇的动态。

山本与其参谋认为，夏威夷附近的动态可能预示着美军有一支特混部队即将出击，因此他们便迫切期待飞艇的侦察报告，因为飞艇原定于今天在夏威夷进行侦察。

其实，骄悍轻敌的山本五十六和他的舰队已经落入陷阱。他的对手尼米兹在月黑风高的太平洋上早已撒下了天罗地网，正在迎候他们的到来。

5 月 31 日，"大和"号又从电信信号中发现夏威夷附近飞机和潜艇活动频繁。山本大将及幕僚们猜测，可能是美国特混舰队出动的前兆。

　　这个猜测很准，当天，弗莱彻的第 17 特混舰队簇拥着刚刚抢修完毕的"约克城"号离开了珍珠港，前去追赶第 16 特混舰队，准备在中途岛东北处的伏击地点会合。

　　不过作战不能依靠猜测，山本急切地等待这一天对夏威夷进行侦察的结果。对夏威夷珍珠港实施事前侦察，在山本大将的作战计划中占有很重要的地位。在珍珠港作战中，由于夏威夷间谍网的出色工作，才保证了奇袭的成功。可现在，那个间谍网没有了，联合舰队几乎失去了了解美国太平洋舰队情况的一切手段。为了避免盲目投入作战，战前，山本精心制定了代号为第二次"K 号作战"的空中远程侦察行动。

　　按照该计划，两架水上飞机于 5 月 30 日零时从沃特杰起飞，日落前的 14 时 30 分（东京时间）到达中途岛附近的弗伦奇－弗里格特无人岛礁。由悄悄等候在那里的潜艇加油后再次起飞，于 20 时 45 分（当地时间 5 月 31 日 1 时 15 分）到达夏威夷上空，完成对太平洋舰队的侦察任务，然后返回沃特杰。

　　但是，这个经过仔细安排的侦察计划出了问题。5 月 30 日，当"伊－123"号加油潜艇抵达弗伦奇－弗里格特岛礁时，没料到在那里竟然停着两艘美军船只。"伊－123"号潜艇紧急发报，向沃特杰报告了这个情况，并说，看来不大可能按照计划在这里给水上飞机加油了。负责指挥第二次"K 号作战"的第 11 航空战队司令官接到紧急报告后，随即命令，侦查任务推迟。并指示"伊－123"号潜艇继续在岛礁监视，看看敌舰是否会离开。

　　第二天，这个微乎其微的希望破灭了。"伊－123"号潜艇报告说，发现在弗伦奇－弗里格特岛礁附近有两架敌水上飞机。可见，美军已经把弗伦奇－弗里格特岛礁作为水上基地使用了。除了完全放弃"K 号作战"计划外别无办法。

　　这些令人失望的事态立即被上报给"大和"号上的山本海军大

将。"K 号作战"计划受挫，意味着无法弄清目前珍珠港内敌人究竟有多大兵力，以及其动向如何。但是，联合舰队司令部仍然希望，如果美军舰队从珍珠港向中途岛出动的话，由小松海军中将的潜艇部队在夏威夷和中途岛之间建立的潜艇警戒线，能够预警并且提供美军出动的兵力情况。

可是，这一个期望也落空了。预定于 6 月 2 到达警戒位置的潜艇迟到了。这些潜艇实际上到 6 月 4 日才赶到阵位。此时，美国的两支特混舰队已先后通过了这一海域。

联合舰队失去了又一次觉察美军行动的机会，最后侦察手段只剩下无线电侦听了。

6 月 1 日，雨停了，但天气仍旧阴沉沉的。越来越多的迹象表明，美国人已经发现了日本舰队。无线电发现，从夏威夷发出的电讯明显增加，而且截收的 180 份电报中有 72 份是急电，说明美国方面处于紧张状态。

▼日海军"伊-176"号潜艇在中途岛海战中击沉了美军"约克城"号航母。

6月2日，雨停了，太平洋上仍然阴沉沉的，大浪滔天，狂风压顶。山本站在"大和号"的舰桥上，端着望远镜，能见度很差，只能勉强看到离他1,500米远的驱逐舰警戒舰队模模糊糊的轮廓。海风刮来一阵大雾，霎时间完全失去了能见度，相邻的舰队都在雾霭中消失了。

罗盘仪指示出，舰队已经达到中途岛以西大约1,000海里的海域，正在朝西北方向行驶。离主攻目标越近，旗舰"大和号"上的气氛越紧张。一个值班电报员前来向山本海军大将报告说，派出侦察的"伊-168号"潜艇刚才发来电报，在库雷岛以南发现敌人警戒舰巡逻，距离中途岛大约600至700海里。这些迹象强烈表明，美国人似乎加强了对中途岛西南方面的巡逻。后来又报告说，在威克岛东北大约500海里地方，美国有一条相当规模的潜艇巡逻线。越来越多的情报表明，对手已经提前实行了严格的警戒和侦察。

"唔，敌人已经预先发现我们了！难道他们知道我们的作战意图？"

山本将军对幕僚们说，诡诈的眼神中含着恐惧。有人建议，应该立即将情况通知前面大约600海里的南云舰队。因为这些情报表明，敌人已经知道或猜疑到日本舰队向中途岛移动，而且看情况，他们早已森严壁垒，严阵以待。

在山本部队前面大约600海里的南云部队，6月2日这天进入浓雾笼罩着的海域。雾霭弥漫，开始下小雨，看样子接着就要有大雾了。南云下令减速行驶。为了看清队形中相邻的舰只，他吩咐打开强光探照灯。但灯光怎么也透不过浓雾，在这种恶劣的天气下，舰队保持蛇形运动很困难。

南云和草鹿参谋长以下全体军官，都聚集在"赤城"号舰桥上，默不作声地望着前方，每个人的神情显得非常焦虑和紧张，他们不时地端起望远镜，瞪大了眼睛，尽力想把视线穿透前方迷蒙的雾墙。但是什么也看不见。太平洋好像有意阻止来犯者，无情地撒下天罗地网。

南云是日本海军中响当当的将领，早在1933年就已出任巡洋舰舰长。他是一个精明干练的舰长，在舰队中算是数一数二的人物。他是属于所谓"红砖派"的。这是因为他曾在海军部供职过一段时期，由于海军部的房子是红砖建筑的，故有"红砖派"的别名。他又曾在海军军令部和联合舰队参谋处做过事，而且还担任过海军大学的教官。1934年他担任战列舰舰长，然后成为一支舰队的司令官。南云还是个鱼雷战的专家。他执行职务十分出色，在每次演习的会议上，他的言论明确而有条理，使人肃然起敬。他坦率、诚恳而又体恤下属，总想帮助年轻的军官。因此在日本海军中享有较高的威望。1941年12月，山本决定偷袭美国的珍珠港，就选定他担任先锋。南云不负众望，果然出色地完成了任务。然而如同大多数人一样，随着战事进展，南云开始变得保守起来。他的一度旺盛的战斗精神似乎消失了，而且随之消逝的是他的作为杰出的海军领导人的风度。身边的人常常发现，在指挥作战时，南云不再表现出首创精神，往往当计划处于发展中时，他总是只批准他的幕僚的建议。他的作战参谋玄田曾说："每次当我起草计划时，总是被不加思考地批准了。这似乎可以把我的工作弄得比较简单，但实则不然。相反的，每次当我看见我的方案原封不动批准下来成为命令时，就感到不安。我是很自信的，但还没有自信到不承认谁都会犯错误的程度。我常常为了解决一个重要问题而稀里糊涂起来。当我一想到只要我一笔之差就会断送国家的命运时，我几乎害怕得发呆……假如我当其他人的手下，我所起草的计划一定会从每一角度进行彻底的研究，加以评语和意见然后退还给我。那样一来，我就会感到更加踏实而且更加敢于把哪怕是极端的看法提供出来了。"

南云担负的任务有两项。第一项任务是于6月5日空袭中途岛，为登陆作战铺平道路，这一任务使他的部队在运动上受到严格的限制。第二项任务是搜索并摧毁可能遇到的美军舰队，这就要求南云有完全行动的自由，同时在搜索的过程中还得绝对保守行踪秘密。显然，这两项任务是互相矛盾的。唯一的解决办法就是视情况而定。

此时，越来越接近战区，形势却越来越难以确定，南云及其参谋人员不得不考虑首先对付哪种情况的问题。可是关于美军部队的情报却仍然空空如也。

南云召集参谋，在甲板上召开了一个简单的会议，研究有关情况。参谋处长大石上校首先发表意见："联合舰队的作战命令以摧毁敌部队为首要任务，和登陆部队配合乃是次要的。但上级明确规定我们在6月5日必须对中途岛实施空袭。我认为，如在准备起飞之际还没有发现敌特混部队的话，我们必须按命令对中途岛实施空袭。……假若我们不按照计划把以中途岛为基地的敌空中部队消灭掉，等到陆军部队实施登陆作战时，必定遭到敌人强有力的反抗。那样就会影响整个计划。"

南云边听边点头，并以其惯常的坦率的语气向每一个人提出问题，他问道："假设在作战海域有一支美军舰队，那么我们该怎么办呢？"

大石接着说道："由于我方没有对珍珠港施行侦察，以致对敌人的舰队一无所知。但假若敌人的舰队如今还在珍珠港，那么，他们只能在我们袭击中途岛之后才能出击，这样一来，我方应该有充分的时间应付。因为他们还得航行1,000多海里才能到达战场。

"纵使他们已经获知我们的运动并已经出动来对付我们了，此时他们也不可能离开其基地很远，同时肯定不会太接近我们。因此，我以为，首要的任务是按作战规定空袭中途岛。"

说到这里，草鹿参谋长向情报官查问，在截获的无线电中有什么关于敌人行动的迹象没有。当草鹿知道没有什么情况之后，他查问有没有从联合舰队旗舰"大和"号收到什么情报。回答还是没有，于是他向南云建议："既然我们无论如何也得贯彻执行作战命令，您是否同意用低功率的、用于舰队内部的无线电来发出改变航向的命令，以便我们展开？"

南云考虑了一会儿，认为也只能这样准备了。从下午到晚上，南云率领的机动部队仍然为浓雾所笼罩。"赤城"号的舰桥上仍然十分紧张。在军官休息室内，无忧无虑的飞行员们正在纵声谈笑，他们只等一声令下，跳上飞机出发，别的便不用操心了。对中途岛的空袭，他们早已准备就绪。天气恶劣，眼前没有其他飞行任务，所以飞行员们便无事可做，只好玩牌消遣。

由于前进中的各个舰队严格实行无线电静默，南云的第1机动部队与"大和"号上的联合舰队司令一样，不了解对手的动向和企图。他没有想到，此时，美军舰队已经出击，更没有料到强大的美军舰队已经处于待命之中，随时都可以扑上来。

山本在这时犯了一个重大失误，虽然他没有得到任何有用的情报，但"大和"号仗着它完善的无线电设备，已经明显地感到了美国人的异常活动，这很可能暗示着一支美国舰队已从基地出发了。山本应该把这些动向通报给南云，可是他没有这么做。

日本人通常很刻板，这种刻板在中途岛战役中接二连三地暴露出来。6月2日这天，"大和"号上功率很大的接收设备收到了来自东京军令部的重要通报：

"美国航空母舰舰队很可能正在中途岛以东动作，也许正在准备设伏。"

很显然，军令部对这些内容并无把握，因此使用了"可能"、"也许"之类的用语。但军令部认为事关重大，仍然通报了联合舰队，以便山本能有所参考，多设想一些应变准备。

要不要通知南云？山本犹豫了。在此之前，他从未考虑过要破坏无线电静默，因为只要"大和"号上的无线电一开，南云固然可以收到指示，可珍珠港的美国人也会收到信号。即便美国佬不了解通讯内容，可"大和"号的位置却会因此暴露。谁都知道，"大和"号自充当联合舰队的旗舰以来，一直待在柱岛锚地，此时突然出现在中途岛以西，这意味着什么，美国佬不会不懂。

如果还像奇袭珍珠港时那样，联合舰队司令部待在国内基地不动，山本当然会毫不踌躇地把一切自认为有价值的情况通报给南云部队，而不必担心因此而暴露位置和企图。可此次作战不同，为了寻求海上决战，也为了让开战以来待在锚地、几个月无所事事的战列舰部队的官兵们捞上一显身手的机会，山本亲率战列舰部队出航了。到了海上，山本才感到自己反而失去了从容发布指示的自由，至少在南云部队打响战斗之前，保持无线电静默还是很重要的，否则可能暴露自己，丧失战役的突然性。

一旁的参谋黑岛大佐觉察到山本长官的为难，张口就说："我们不应该打破无线电静默，何况南云部队也是收报单位，也会收到军令部的通报，因此，没有必要

以联合舰队的名义转发。"

　　山本点点头，转身与渡边参谋下棋去了。

　　中途岛海战过后，当南云和他的参谋们得知联合舰队司令部曾经截收到敌人的异常活动，并得到了军令部的警报的时候，他们感到十分愤慨：联合舰队为什么不把这些极为重要的敌情动态转发给第1机动部队，以使它免遭任何突袭的危险呢？

　　无线电静默，见鬼去吧！中途岛大战后，草鹿得知有关情况后悔恨交加："天啊！出发前，我跟他们说了多少次，千万别发生这种事！如果我们及时了解这些情况，该多好……"

　　一切都按原计划实施，联合舰队的各路部队在茫茫大雾中向前猛闯，就像拉着邮车的马匹在马鞭抽打下盲目地奔驰一样。

　　傲慢成性的南云早已准备好了运俘虏的船只，甚至连火化美军尸体的汽油也有足够的储备。可是，他唯一没料到的是，前面有一个巨大的陷阱在等着他。

No.3 在"幸运点"待机

　　美国舰队是5月29日出航的，当时南云的第1机动部队已经离开柱岛两天，山本大将的部队正从柱岛起航。当地时间11时左右，斯普鲁恩斯的第16特混舰队开始出海。"企业"号的主机启动了，全舰进入二级战备状态，它缓续地进入航道，随即以25节的航速驶出珍珠港，"大黄蜂"号随后起锚。为这两艘航空母舰护航的是5艘重型巡洋舰、1艘轻型巡洋舰，以及9艘驱逐舰。此外，斯普鲁恩斯还有一支由2艘油船组成的、由2艘驱逐舰护航的油船补给队。

　　斯普鲁恩斯立在舰桥上，望着珍珠港向身后逝去。尽管他决心很大，但仍拿不准在他再次见到珍珠港的时候，他手下的这支舰队是满载成功的喜悦，还是遍体鳞伤，甚至全军覆没也未可知。

斯普鲁恩斯希望击沉日本军舰越多越好，可他不得不正视美国极端缺乏航空母舰和驱逐舰这个事实，他有责任尽一切可能把他的舰队保存下来。他的任务是设法不让敌人进攻中途岛。从当时的情况看，这一项任务就已够他操心的了。如能完成，就算是创造奇迹了。若能再有所建树，那就是命运的额外施加了。他早已打定主意，无论在任何情况下，决不脱离中途岛上岸基航空兵的势力范围，哪怕前面的目标多么诱人，他也决不上日军的当。

◀ 珊瑚海海战中受损的美航母"莱克星顿"号正在珍珠港内整修。

斯普鲁恩斯走了，珍珠港内显得冷清了不少。只有一个地方例外，那就是海军船厂，成百名工人正加紧抢修"约克城"号航空母舰。他们干了一整天，夜晚又轮班干。铆钉枪"咯咯咯"地响个不停，焊枪在全船撒下点点火花。"约克城"号在他们手下突然活了过来，5月30日（夏威夷时间5月29日），开始从船坞滑出，进入正常泊位停下。修理人员仍在舰上敲敲打打，同时又展开了加油和装载作战物资的工作。

照这个速度，再有一天"约克城"号就可以出港了。虽然海军历来注重整洁，但现在不是讲究外表的时候。凡是不影响作战和舰体安全的部分一概没有修理。但是，如果认为"约克城"号离开船厂时与早先进来时没什么两样，那就错了。它已经能够正常行驶，虽然速度有些降低，但也能正常起降飞机了，这样就足够了。

第二天上午，第17特混舰队完成了各项准备工作。尼米兹登上了"约克城"号，祝愿全舰官兵一路顺风。尼米兹特地向飞行员们表示了敬意，解释他是在万不得已的情况下，才让他们不休息地立即投入新的战斗。他保证，作战一结束，就派"约克城"号回美国本土度假。

上午9时（当地时间），弗莱彻率领第17特混舰队开始起航，名义上是去进行一次射击练习。舰队的实力比两天前离港的第16特混舰队差多了，1艘航空母舰、2艘重巡洋舰、5艘驱逐船就是弗莱彻的全部家当。当然了，资历较深的弗莱彻从尼米兹那里得到了任命，待两支舰队在"幸运点"会合后，斯普鲁恩斯的舰队将归弗莱彻统一指挥。但是在实际作战中，两支舰队仍要保持间距各自为战。用一句俗话来讲，在没有把握的时候："不能把所有的鸡蛋放在一只篮子里"。

6月3日下午4时，斯普鲁恩斯与弗莱彻在"幸运点"如期会合了。一切准备就绪，斯普鲁恩斯立即对舰队发出作战命令：

日军舰队正在靠近，以占领中途岛为目的的一次攻击势必发生。敌人的兵力可能由所有的战斗类型编成，包括4至5艘航空母舰、运输舰和补给船在内。假如敌人不知道第16、17两特混部队的所在，那么我们便能从中途岛东北的某一阵地上对敌人的航空母舰部队施行出其不意的攻击。整个作战行动将以我们攻击的结果、中途岛兵力对敌人所造成的伤害以及敌方运动的情报为基础。从现在开始，我们必须进入战斗状态，保证作战胜利。战役的成功结束对于美国来说意义重大，我们没有退路，必须全力以赴。

6月3日这一晚对于美军舰队的官兵而言，无疑是漫长的一夜！很多人写好了遗书，地勤人员则通宵苦干，检查飞机，厨师忙碌地制作数以千计的三明治，作为明天的战斗快餐。倒是作为战斗主角的飞行员，异常地空闲，直到晚上9时，热闹的马拉松式的掷骰子赌博才宣告闭幕，因为美军历来迷信"赌场得意，战场失意"，在战斗前夕赌博中大输的人，才会在战斗中拥有好运，所以输的人无一不是心中窃喜。要知道，明天，美利坚合众国的命运就掌握在这240名飞行员手中！

第四章

美军沉着应对

　　尼米兹看完电报，突然从座位上站了起来，他激动地说："莱顿，发现日军部队了！情况明朗了，现在一切怀疑都不存在了。国内的那些人将不得不承认，我们认定中途岛是正确的。"……上午5时，一轮红日在海平线上升起。飞行甲板上又停满了飞机，以准备攻击万一出现的敌特混部队。每架俯冲轰炸机各携带一枚250公斤的炸弹，每架水平轰炸机各携带一枚鱼雷。

No.1 阿留申群岛战斗

从 6 月 3 日开始，中途岛海战就开始了。当天上午，田中率领的运输舰队"神通号"给山本发来急电，报告在中途岛以西 600 多海里处被敌机发现，敌水上飞机一直跟踪。山本惶惶不安，立即回电："用高射炮猛烈射击，脱离接触！"

一切情况表明，舰队已经被美国人咬住了。完全可以预料，尼米兹很快就会采取行动，情况可能打乱了山本五十六的作战计划。果然，当天下午他们又向"大和号"发来急电："报告司令长官，敌 9 架 B－17 轰炸机袭击运输舰队，9 架 B－17 轰炸机袭击运输舰队。"

"开炮，继续前进！"山本命令道。

10 分钟后，"神通号"又来电："战斗正在进行，舰队没有中弹，舰队没有中弹！"

"太好了！"

山本和他的幕僚们都松了一口气。第二天凌晨，运输船队的情况被接二连三地用无线电话传到"大和号"上，运输舰队遭到美军飞机的低空攻击，"曙光号"油轮被炸，官兵有伤亡……

此前，山本和他的幕僚们一直有说有笑，对即将开始的战斗十分乐观。可这阵子，一张张脸变得惨白，觉得情况不妙了。

中途岛作战计划规定，航速较慢的运输舰队先于机动舰队出发，叫做"兵马未动，粮草先行"。看来，这一招儿打错了算盘，因为它们航速较慢，容易被人发现。出发前有人建议，把运输舰队的出发日期向后推迟。山本拒不采纳，坚持要运输舰队提前行动。现在遇到了麻烦，如果油轮被击毁，机动舰队的燃料断了后路，仗还怎么打？过去有过这种教训，出师不利，给即将爆发的海战蒙上了一层不祥的阴影。

6 月 4 日，战斗大规模打响了。最初的交战不在中途岛，而是在它北方的阿留申群岛方面。拂晓时分，担负牵制性攻击任务的北方部队第 2 机动部队到达了对荷兰港空袭的阵位。按照山本五十六的计划，第 2 机动部队的两艘航空母舰应在南云第 1 机动部队攻击中途岛的前一天展开攻击，以便把美国人的注意力引向阿留申群岛方面。

第 2 机动部队航空参谋奥宫正武海军少佐站在轻型航空母舰"龙骧"号的甲板上，目不转睛地注视着令人生畏的北极天空。他那因以前飞机出事而留下条条伤疤的脸上，每个部分都显得焦虑不安。再过几分钟就到零时了。照理，在当地时间 6 月 3 日 2 时 58 分太阳才会升起。但由于夏季天长，起飞时间定在 2 时 33 分。眼下，天空还是黑沉沉的，"龙骧"号正带领舰队以 22 节的航速，沿几乎正北方向乘风破浪向荷兰港前进。

飞行甲板上，飞机正在启动，马达轰鸣，狂风怒号。不远处，穿着厚厚皮大衣的船长加藤唯雄海军大佐正集合各飞行中队指挥官作最后指示。他们这些人对敌情几乎一无所知，

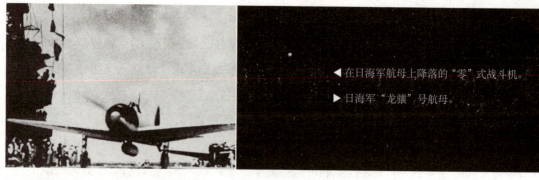

◀在日海军航母上降落的"零"式战斗机。

▶日海军"龙骧"号航母。

而且也从未在这种凄凉的天气里作过战。

奥宫感到有人在自己肩膀上拍了一下，回头一看，是司令官角田觉治海军少将。角田在喧闹声中大声问他："进攻能准时开始吗？"

"对不起，司令官，恐怕还得多等一会儿。"奥宫客气地大声回答。他看了一下手表，已是 23 时 28 分，离规定的起飞时间只有 5 分钟了。但天色还是很暗。首席参谋小田切政德中佐眯起眼看看天。浓雾弥漫，天还没有亮。

奥宫不耐烦地咂咂嘴。在他看来，进攻开始得越早越好，即使没有意外的耽搁，飞行员们碰到的麻烦也已经够多的了。他甚至对他们能否发现目标都没有十分把握。飞行员们使用的地图太差了。阿留申岛有些地方的海岸线是用虚点画出的，表明仅仅是猜想，并未被证实。荷兰港的地图是根据 30 多年前的海图画出的，唯一的一张美国人在岛上的设施的照片也是 30 多年前拍的。日本的制图人员绘制的火星地图恐怕也会比这张阿留申群岛地图强。即使是在天气好的情况下，要飞行员们在散乱的群岛中找出一个连轮廓都不清楚的陌生小岛也不容易，更何况在大雾弥漫的情况下。

在奥宫和冲劲十足的角田看来，这种等待似乎是漫无止境的。夜色渐渐地退去，10 分钟后，机动部队的其他舰只开始像鬼船似的隐约出现了，终于可以看清 1,000 米外另外一艘航空母舰了。

天空仍然黑压压、雾茫茫的。看来，天气一时半会儿不会有太大的变化了。因此，23 时 43 分，奥宫大声对角田喊道："司令官，现在可以开始了。"

角田对信号官下达了命令。信号官大声传令："各中队起飞攻击！"

飞机从两艘航空母舰的飞行甲板上起飞了。从"龙骧"号起飞了 11 架鱼雷轰炸机和 6 架"零"式战斗机，从另外一艘航空母舰上起飞了 12 架俯冲轰炸机和 6 架"零"式战斗机。这些数字并不是航空母舰上飞机的全部。"龙骧"号载有 16 架战斗机和 21 架鱼雷轰炸机。而另外一艘航空母舰则载有 24 架战斗机和 21 架俯冲轰炸机。

这天的云高不超过 200 米，无法很好地编队飞行，只能各自为战。

就这样，日本人开始了牵制性进攻。日本人就像魔术师一样，等着观众的注意力转向阿留申群岛后，就从中途岛的帽子里变出兔子。

空袭荷兰港的飞机刚刚飞走，美军的侦察机就飞抵角田第 2 机动部队的上空，其中一架紧紧追随舰队，并投了几颗炸弹，但都没有命中。

与此同时，由山上正幸海军大尉率领的"龙骧"号飞行队，冒着恶劣天气巧妙地穿过断云，飞抵荷兰港上空。荷兰港上空没有云雾，他们也没有发现敌机或舰艇。6 月 4 日 1 时 7 分，虽然地面上美国人的雷达已经发现敌机飞来，守备部队的高炮也做好了密集射击的准备，但是在几分钟中，日机仍对油库、电台及一个陆军兵营进行了狂轰滥炸，战斗机扫射了停在水上的一架水上飞机。除了一架战斗机在扫射时被敌军炮火击中，迫降在荷兰港东北 20 海里的阿克坦岛南岸外，山上正幸指挥的其余飞机全部返回了航空母舰。那架迫降战斗机的飞行员在飞机着陆时颈骨折断。5 个星期后，一支美国海军侦察队发现了这架仅在表面上受到损坏的飞机。

志贺海军大尉率领的从另外一艘航空母舰上起飞的飞机，在飞往目标途中，同一架美军水上飞机迎头遭遇。美军飞机很快被日军护航战斗机击落。他们因此耽误了一些时间，加上气候恶劣，结果没有到达荷兰港袭击任何陆上目标就返航了。

这样，首攻没有达到预期效果。可是，攻击荷兰港时拍摄的空中照片着实令人大为吃惊。从照片中看到荷兰港的设施比所想象的要好得多，有现代化仓库、码头、油库和连接得很好的公路网。单从四通八达的公路来看，就足以证明这些设施的战略价值了。

山上正幸率领的"龙骧"号的飞行队在从荷兰港返航途中发报说，乌纳拉斯卡岛中部北岸的马库欣湾里，停着 5 艘美军驱逐舰。以见敌必战而著称的角田海军少将下令用全部飞机攻击敌驱逐舰，他不但派出了两艘航空母舰的飞行队，还出动了"高雄"号和"摩耶"号重巡洋舰的水上飞机。总共 24 架飞机飞向目标，但由于天气恶劣，大部分飞机中途返航。

▶日军飞机正在攻击荷兰港。

　　执行第二次任务的飞机起飞不久，天气又变得很坏，甚至有时连邻舰也看不见。进攻的飞机无法保持队形，只好分成小股紧挨海面返航。由于天气极冷，它们在航空母舰上空盘旋和降落时，大部分飞机引擎音响都不正常，发出乒乓的爆音。舰上的人们担心地瞅着飞机一架一架地降落。所有飞机回收后，角田下令继续前进，他希望尽可能地向阿留申群岛靠近。

　　日本人对这天的进攻并不满意，最令人失望的是，根本就没有美国舰队出来迎战。看上去，美国佬没有上当，牵制进攻失去了作用。

　　正午，当天的阿留申群岛之战已告结束，角田开始向西南后撤。当夜，驱逐舰加了油，然后舰队按原定计划驶向阿达克岛准备攻击。

　　日军进攻的消息迅速传到美国。罗斯福总统和陆军部长史汀生接到消息后，一直紧张的心情稍微缓解。日军在阿留申群岛发动进攻，进一步印证了太平洋舰队情报小组的分析。

No.2 发现日军舰队

　　6月4日拂晓，美国太平洋舰队司令部的主要成员都进入了各自的岗位，并从截获的电报中获悉日军在阿留申群岛展开了攻击。不过，尼米兹并不在乎北方，他关心的是西面中途岛方向的消息。

　　几个小时过去了，西面没有任何消息，第16和17特混舰队还没有任何消息。他们在与敌人接触之前必须保持无线电静默，可中途岛不存在暴露目标之虞，它为什么不报告情况？

　　夏威夷时间上午10时多（中途岛时间9时多），中途岛终于传来了消息。这是转发在中途岛以西 700 海里外的巡逻机的片断电报："主力……方位 262 度，距离 700 海里……"

太平洋舰队通信官柯茨少校拿着这份报告飞速跑到尼米兹的办公室。

尼米兹正在那里同莱顿商量问题，他看完电报，突然从座位上站起来，激动地说："莱顿，你看到这份报告没有？"

"这是什么，长官？"

"发现日军部队了！"尼米兹把电报递给莱顿。

"这应当使你宽心了，"尼米兹喜形于色，一副轻松的感觉，"情况明朗了，现在一切怀疑都不存在了。国内的那些人将不得不承认，我们把宝押在中途岛是正确的！"

尼米兹马上想到，这份电报会不会使弗莱彻对其中的"主力"二字产生误解，因为特混舰队肯定可以从空中收到这份电报，而在出发前他已告诉弗莱彻，日军航空母舰主力部队将于 6 月 5 日清晨出现在岛的西北。

尼米兹认为有必要提醒一下，他给弗莱彻发报：

"发现的是敌军攻占中途岛的部队，这绝不是航空母舰突击部队。南云部队将于明晨出现在西北。"

其实尼米兹的担心是多余的。弗莱彻根本不想去关心中途岛西边的什么日本部队，只是一心一意地准备伏击日军的航空母舰机动部队。当天夜里，第 16 和 17 特混舰队从"幸运点"开往中途岛以北大约 200 海里的地方，正在隐蔽待命。

首先发现日军逼近的是海军少尉杰克·里德。自从他所在的巡逻机中队于 5 月 22 日飞抵中途岛以来，他的"PBY-5A 卡塔林纳式"飞机就没有休息过，每天巡逻至少 12 个小时。里德稚气的圆脸以及两角流露着幽默感的嘴唇上都显出一种疲劳，幸亏他的身体强壮，精力还够折腾一阵子。

6 月 4 日，天还没有亮，里德一行就爬起来。吃过每天常吃的早餐——熏猪肉、鸡蛋、烤面包和咖啡后，就登机向西面稍南一点方向飞去。壮丽的海面和天空阳光普照，能见度不受任何限制。里德看了下手表，还不到 6 点。飞机飞出中途岛几个小时了，已抵达巡逻区的外缘。领航员提醒道，再往前就会进入威克岛日军岸基巡逻机的警戒圈了。

"我们再向外飞 10 分钟，也许能发现点什么，我有这种预感。"里德不想白跑一趟。他算了一下油量，再向外飞 20 至 40 分钟，油料还绰绰有余。10 分钟过去了，海面和空中什么也没有。里德又向前飞了 10 分钟，估计再飞也不会有所得，便开始转弯准备返回中途岛。

就在这时，里德发现海平面上有几个小点，起初他没有在意，以为是挡风玻璃上的污点。随即，他猛地醒悟过来："天哪，上帝！地平线上那不是敌人的舰队吗？我想我们交上好运了！"

副驾驶抓起望远镜仔细看了看，果然是日军的舰队。几分钟后，里德发出了尼米兹得到的那份电报。

中途岛上的指挥官命令里德提供更精确的报告，以便动用 B－17 型轰炸机攻击。这就需要里德接近敌人舰队，才能观察到数量和舰种。里德确认敌舰正向正东方向行驶后，关上油门，贴近水面，然后转向正北约 15 分钟后，又转向正西飞了 25 海里。目的是避开日军的前进正面，从北侧悄悄地接近敌人。里德可不想让日本人发现自己，万一这支舰队有战斗机护航，那他这架笨重的 PBY-5A 就会像小鸟遇上了老鹰一样，必死无疑。

里德不断改变高度，又向西飞了 25 海里，尔后折转向南，绕到了日本人的背后，直到发现了日军舰队身后掀起的白色航迹。里德仔细数了数主要舰只，仅大的就有 11 艘，其中有轻型航空母舰、战列舰、巡洋舰、驱逐舰。

里德后来回忆说："可以毫不夸大地说，在绕过敌舰队直至在地平线上看不见它们的这段时间里，我们先是紧张害怕，继而兴奋激动，最后兴高采烈。发现敌舰队已经够幸运了，竟然还能连续跟踪观察敌人达两个半小时之久而没有被发现，真是格外幸运。"

驶出敌可能的防空火力射程后，他们都松了口气，吃了点东西。里德回忆说："我肯定每个人都做了祷告，感谢上帝保佑，我是做了的。但是要想安全返回中途岛参加明日的作战，我们还要下一番工夫。"

里德的报告并不准确，这支舰队的数量大大超过 11 艘，而且舰种中也没有战列舰。不过这没有关系，珍珠港方面急需的是确认日本人来了没有，至于日本人的数量，太平洋舰队司令部相信自己的情报，这是近藤中将下属的登陆船团及其掩护部队。

当里德的飞机追踪日军舰队的时候，中途岛上一片忙碌。陆军航空兵的 9 架 B－17 轰炸机正在加油。每架飞机都悬挂着 4 颗重磅炸弹。将近 10 点，沃尔特·斯威尼中校率队腾空而起，向西去攻击日军舰队。11 时 30 分，斯威尼的机群在中途岛以西 600 海里处发现了日军庞大的运输船队，并立即展开攻击。

很快，天幕上清楚地显现出"飞行堡垒"（即 B-17）的优美轮廓。海面上高射炮轰鸣，为运输舰护航的驱逐舰拼命地对空射击，弹丸炸裂的烟雾在 B－17 四周织成一个死亡的花环。轰炸机分批从 1 万米以上的高度投下炸弹。炸弹发出尖锐的呼啸音，隆隆的爆炸声中，水柱哗哗地蹿起，又哗哗地落下。几分钟后，喧闹停止，双方无一损伤。日军防空火力虽然猛烈，但炮弹都打到轰炸机的旁边。美国陆军飞行员攻击海上目标的本领实在太差，

那么多重磅炸弹除了把一些水花溅起在日本水兵身上外，一无所获。

B-17中队徒劳返回后，中途岛的指挥官又想尝试一下夜间鱼雷攻击。他们挑了一些疲劳程度最轻的人凑成了4个PBY机组，用这种速度缓慢、弱不经打的飞机去实施夜间攻击，这似乎太可笑。但是，美国人什么都想试试。

23点50分，在漆黑的夜色中前进的PBY机队在距中途岛400多海里的地方发现了目标。泛着暗光的海面上，日军船队和掩护舰队分成两路纵队，像鹅一样大摇大摆地行驶着。几架美军飞机拣大的目标展开了攻击。日军高射炮的火光把天空映得通亮。理查森海军上尉从30米高度，瞄准一艘估计为7,000吨的黑影投下了鱼雷。飞机拉起时，机中两名乘员报告："听到巨大的爆炸声，看到浓烟冒出。"

戴维斯中尉险些失败，为了寻找最佳投放鱼雷的位置，他两次从目标上空飞过，投雷时，似乎所有船只都在向他开火。戴维斯的射手用机枪朝目标的甲板扫射，打了60余发子弹，招来的结果是，飞机机头被打穿了好几个洞，投弹瞄准具被打坏，机身机翼机尾也中了几处弹片。戴维斯想返回上空看看战果如何，无奈下面火舌密密麻麻地朝上蹿，他只好飞走了。虽说理查森的鱼雷爆炸了，但唯一的战果却属于普罗布斯特海军少尉的飞机。他的鱼雷命中了"曙"号油船，在舷侧开了一个直径 10 米的大洞，并诱发了弹药库爆炸，造成船上 23 人死伤。尽管如此，日本人成功地控制了伤船，"曙"号除了速度略有降低以外，继续跟着编队向东行驶。

这些情况接二连三地报告给了"大和"号，山本大将和他的幕僚们开始为登陆舰部队的命运担起心来。上面搭载着海军防战队和陆军登陆部队的 8,000 名官兵，以及打算在中途岛上建筑机场和防御阵地的大批物资器材。这个庞大的船队缺乏空中掩护，只能凭随行的战斗船只的火炮保护自己。虽说暂时战斗未给运输船队造成什么损害，可离目标还有 400 多海里，还有一天多的路程，谁会保证在这期间船队不会遭到美军岸基飞机的攻击呢？

联合舰队让运输船队在南云机动部队攻击中途岛的前一天，就驶入岛上美军飞机的攻击圈，无疑具有很大风险。但联合船队认为这样做有几种好处：第一，可以把中途岛上美军航空兵的注意力引向西面，有利于南云机动部队从西北面发起的突然空袭。第二，如果让船队待在 700 海里以外的安全地带，等南云部队歼灭了岛上的航空力量之后，再向中途岛开进，固然可以避免冒风险，但却不能及时攻占该岛，两者在衔接上会出现至少两天的断档。

像现在这样比较合适，运输船队虽然在 6 月 4 日全天暴露在美军飞机的威力圈内，但只要熬过 6 月 4 日，6 月 5 日天一亮，中途岛就会遭到南云部队的打击。到那时，美国人根本顾不上运输船队，船队可以利用南云部队一整天的攻击，迅速接近中途岛，完成登陆任务。船队所面临的威胁也就是 6 月 4 日这一天。

现在的关键在于 6 月 5 日凌晨南云部队的攻击。南云现在也该抵达攻击位置了，山本大将看看表，表针指在 23 点 55 分的位置上，再过几分钟就是 6 月 5 日了。

No.3 扑向中途岛

也就是运输船队遭受美军攻击的时候，在山本大将前方约 400 海里的地方，南云部队正以 24 节的速度驶向东南方的中途岛。舰队呈环行向前运动，中央是 4 艘航空母舰，周围是"榛名"号和"雾岛"号高速战列舰，以及"利根"号和"筑摩"号重巡洋舰，还有"长良"号轻巡洋舰和 12 艘驱逐舰。

越接近战场，第 1 机动部队的官兵就越紧张。夜幕降临了，19 时 40 分，"利根"号

▶日本海军四艘高速战舰，从右至左依次为："金刚"号、"榛名"号、"雾岛"号、"比睿"号。

突然拉起紧急信号，报告在 260 度方位上望见大约 10 架敌机。3 架战斗机立即从"赤城"号起飞前去截击，但它们没有遇到敌机。"利根"号的报告是错误的。

经过这一场短暂的虚惊后，舰队继续航进，直到 6 月 4 日，情况如旧。2 时 30 分，"赤城"号的瞭望哨突然报告道：右舷 70 度方位上仿佛发现敌机的航灯。在舰桥上的每一个人都向报告的方向观看，但没有看见任何东西。自从出航以来从未离开舰桥的青木舰长，不敢怠慢，立即下令备战，所有人员匆忙赶赴战位。

在云隙中眨眼的星星，由于舰在摆动，看来好像也在晃动。经过一分钟的瞭望和等待之后，舰长问瞭望兵，是否还能望见所报告的灯光。瞭望兵迟疑一下回答道："阁下，我看不到灯光了。"

于是，舰长便对所有的瞭望兵警告道："在报告以前，一定要弄清看到了什么。"并叫他们不要由于舰的摆动误把星光当做灯光。

当青木正要下令停止备战之际，同一个瞭望兵再次喊叫起来："在同样的方向上又发现灯光！这不是星光。"

全队各舰于是立即接到防空警报。但紧张一番之后，依然无法证实有敌机。

此时预定对中途岛发动空袭的时间就快要到来了。

这时，空袭中途岛行动的时间就要到了，南云仍然没有得到关于美军舰队活动情况的情报。现在作战时间已到，南云必须迅速作出决定。黎明前，南云召开情况会，对战前形势作了最后分析。根据战时记载，南云及其参谋当时对于敌情作了以下估计：

1. 当中途岛的登陆战开始之际，敌方舰队大约将出来应战。

2. 从中途岛出发的敌空中巡逻机，在西向和南向的将较多，而在北向和西北向的将较少。

3. 敌空中巡逻机的活动半径估计约为 500 海里，不可能危及我方舰队的安全。

4. 敌人尚未觉察我方企图，也未发现我机动部队。

5. 在我方周围并无敌方特混部队的迹象。

6. 因此，我们能空袭中途岛，歼灭岛上岸基飞机并支援我登陆作战。然后，我们可以转过头来迎击敌机动部队，并予以歼灭。

7. 敌方如果出动岸基飞机对舰队进行反击，我方出动截击机和高射炮火就能将其击退。

后来的事实证明，南云的分析和判断是绝对错误的。正是根据这个错误判断，南云把日本声名赫赫的航空母舰机动部队送往万劫不复的地步。

6 月 4 日凌晨 1 时 30 分，美军航母上的飞行员起床，开始吃牛排煎蛋早餐。几乎同时，几百公里之外，日军航母上的飞行员也开始进早餐，那是由米饭、豆汤、腌菜、干栗子，还有米酒组成的传统的征战餐，士气高昂的飞行员一边用餐，一边互祝胜利。

2 时 45 分，天已经拂晓了。在第 1 航母攻击舰队的待命室里，飞行员们吃着干栗子，喝着冷酒，这是在为即将参战的勇士们举行传统的欢送会。顶上，一半飞机停在金黄色飞行甲板上，准备起飞。下面，另一半飞机正在装鱼雷，用来对付预计会对袭击作出反应的美国军舰。

舰上的嘈杂声和起飞前的紧张活动吵醒了作战参谋源田海军中佐。部队出发不久，源田便开始发高烧，恐怕是得了肺炎。他一直躺在病床上。这时，他不愿意错过参与发动这场进攻的机会。来到舰桥上，他在那里遇到了南云司令长官。南云把手搭在源田的肩上，问他现在感觉怎样。

"长官，我很遗憾，请了这么长时间的假。现在还有些烧，不过觉得好多了。"源田那发红的双腮说明病情比他自己说的重很多，但一双眼睛却闪耀着对战斗的渴望。

源田在舰上的出现，对所有在场的人都是很大的鼓舞。半年多来，源田参谋在计划和指导南云部队胜利的作战方面起了重要作用。看到他又在南云海军中将身边参与战斗，每个人都感到振奋。

源田起来不久，从"赤城"号病员舱里又跑出来一个病号。渊田美津雄中佐听着全舰的嘈杂声，再也躺不住了，如果不是生病，率领即将起飞参战机群的人本应该是他。现在他不能升空了，但起码可以为出征的飞行员送行。这些人都是他所熟悉的，其中大部分还是奇袭珍珠港时的部下。

渊田支撑着爬起来，发现舱门已经关死。因为要作战了，所有的门舷舱都关得死死的。但每扇门上有个供人出入的小孔，在紧急状态下可以转动曲柄将它打开。

渊田抓住曲柄猛转，可是"赤城"号的应急出口并不是纸糊的，再说他还十分虚弱。

足足花了五分钟时间，他才把这个小孔打开，其间他几次险些晕倒。不过他终于把小孔开到一定程度，从中挤了出去。接着，他还得把它关好，以确保舰艇的水密性能。

渊田四下一看，发现自己进了个死胡同，因为过道也给封住了。他只好顺着通向舱区的小扶梯向上爬，在立足不稳的情况下，强行打开了另一个应急舱盖。他脚下不稳，身体虚弱，心里又非常焦躁，生怕自己还没有赶到飞行甲板，伙伴们就起飞了。他似乎花了一生的时间才从第二个小孔中钻过去。他的奋斗才开了个头，总共开关了 10 道这样的舱盖之后，他才到达住舱。他的成功是精神战胜物质的极好体现。他像只刚生下的小猫，软绵绵、湿漉漉的、踉踉跄跄地进了自己的住舱。歇了好一阵，身上颤抖的肌肉才平静下来。他穿上军装，走向飞行指挥所。第一波的攻击飞机已经在甲板上排好了。引擎已经发动完毕，喧闹声便低沉下去了。

天空依然一片漆黑。透过高高的云层，偶尔看见两三点星光闪烁。这预示南云部队的作战将遇上极好的天气，晴朗无云，能见度佳，有足以提供掩护的云层，海面风平浪静，有利于飞机起飞。但是，看见身体健壮的渊田变得弱不禁风，站都站不稳，准备起飞的飞行员们纷纷表示不安。渊田望了望漆黑的夜空，到拂晓还需要一段时间。

渊田问站在身边负责飞行准备的航空官布留川海军大尉："什么时候日出？"

回答说："5 点，阁下。"

"搜索飞机派出去了吗？是单相还是双相？"

"还没有。搜索机将同第一攻击波同时起飞。是单相搜索，与往常一样。"布留川用图板向渊田解释。

这张图很像一把檀香扇，扇面由 7 个扇片组成，以机动部队为中心向外辐射，形成 7 个独立的搜索区，整个东面和南面大约 300 海里的区域都覆盖在扇面之下。每个扇片由一架搜索机负责。

虽然搜索范围还可以，但渊田仍认为最好是双相搜索。所谓双相搜索，是指在同一搜索区内相隔一定时间派两架飞机搜索。日军的飞机这时还没有雷达，完全靠目力观察。因此，只能白天进行有效搜索。为了在天亮后尽早发现敌人，第一批飞机（第一相）应该在天未亮时就起飞，以便在天亮时到达搜索半径的终点，然后向回飞，进行搜索。由于第一批飞机向外飞的时候，在黑暗中经过的地区还是未经搜索的。因此，应该在天亮时，一架飞机自外向里搜索，另一架自里向外搜索。这样才可以保证以最快的速度先机发现可能存在的敌航空母舰或其他目标。这样做，疏漏的概率将远远小于单相搜索。

南云显然对这个海域中此时出现敌舰队的可能性估计不足，没有任何迹象证明有必要

◀日本"零"式战斗机在太平洋海战中出尽了风头。

▶美军侦察机拍摄到的日军舰队的行踪。（右下图）

为此担心。他极希望以最大速度的兵力进攻中途岛，单相搜索足够了，还可以节约飞机。

基于这样的错误判断，南云便于凌晨4时30分，开始对中途岛发起攻击。

渊田想起了两个月前在印度洋空袭科隆坡和亭可马里时的情景。那两次也是单相搜索，而且都是在攻击机群离舰前往敌人陆上基地、舰队上空缺乏掩护的时候，搜索机才发现了敌人的水面舰队，弄得自己的航空母舰非常紧张。想到往事，渊田禁不住发问：

"万一机群在空袭远处的中途岛的时候，搜索机发现了一支敌人舰队，那该如何应付？"

布留川说："不要紧，我们的攻击分为两个波次，第一攻击波起飞后，第二攻击波立即做好准备，可以应付任何突发事件。"

"我懂得了。哈哈，这个配备倒不差，如果敌人舰队真的出来的话，正好让我们打它一个落花流水。那么，搜索的时间又是怎样配置的？"

布留川指着图板进行了详细解释："伸向东向和南向的共有7道搜索线，而中途岛则处于搜索弧之中。此外，'赤城'号和'加贺'号各派出一架飞机，'利根'号和'筑摩'号各派出一架水上机，'榛名'号也派出一架水上机。除'榛名'号的水上机只有150海里的搜索半径外，其余飞机的搜索半径都是300海里。"

渊田听后安下心来，也许自己考虑得太多了，美国佬的舰队怎么可能出现在这里呢？过几天它们也许会来的，到那时中途岛已经被消灭了，机动部队会以全部精力对付它。

第一攻击波正在4艘航空母舰上准备起飞的时候，6月5日降临了。东边的天空微微泛白，水天线隐约可见。渊田看看表，4时20分，离日出还剩40分钟。扩音器突然发出命令："飞行员集合！"

航空员们迅速奔向正在舰桥下面的听训室。不久飞行员们又回到甲板上，纷纷向飞机跑去。飞行官回到控制所，开始迅速发出一系列的口令。

"全员进入起飞战位！"

"发动引擎！"

"请舰长顶风驶进并把相对速度提高到 14 米。"

飞机引擎启动了，从排气管喷出青白色的燃气，飞行甲板上一片震耳欲聋的嘈杂声。所有飞机的红蓝灯都已打开，在黑夜里闪闪发光。

一个传令兵报告说："所有飞机全都准备好了。"

探照灯光照亮了飞行甲板，恍如白昼。航空官向舰长报称："飞机准备好了。"

"赤城"号顶风航进，风力计上表明达到要求的速度。舰桥上传出"起飞"的口令，航空官把绿灯向空中挥动一个大圆圈。

领头的一架零式战斗机沿着飞行甲板疾驶，在"赤城"号舰员的鼓噪声中升入空中。在炫目的灯光中挥动着无数的手和帽子为它送行。

跟着起飞的是另外 8 架零式机，继之为每架携带一枚 250 公斤炸弹的俯冲轰炸机。领飞的机舱敞开着，年轻的领队挥手对欢送者告别。刹那间，该机发出喧声升入暗空。接着18 架俯冲轰炸机也都升空了。在舰队头上一串红绿灯利索地撒开来，这表示零式战斗机已经编成队形了。

在"赤诚"号航空母舰的左舷 4,000 米处，"飞龙"号也在发送飞机。一串微弱的灯光一个接一个从甲板向天空升去。

◀ 正从"赤城"号航母上出发的中岛九七式舰上攻击机，机身下搭载着重 800 千克的鱼雷。

　　15 分钟内，4 艘航空母舰上一共起飞了 108 架飞机，其中有轰炸机、俯冲轰炸机和战斗机各 36 架。第一攻击波的总指挥官是友长海军上尉，他直接率领从"苍龙"号和"飞龙"号起飞的 36 架高空轰炸机。在他的左边是 36 架从"赤城"号和"加贺"号起飞的 99 型俯冲轰炸机，领队者是"加贺"号的中队长大泽上尉。"苍龙"号的营波上尉率领 36 架零式战斗机。今天是友长在太平洋战争中的第一次出击，他在"飞龙"号航空母舰出发前刚刚到该舰报到。这位中日战场上的老兵飞行经验丰富，完全有资格指挥这次空袭。大泽上尉是个出色的领航员，自从珍珠港战役以来，他几乎参加南云部队中的所有战役。在海军航空兵中，他的技术和胆略是无出其右的。像绝大部分的领航员一样，自从珍珠港攻击以来，他也是太平洋战争的老手。他是一个战斗精神旺盛的、典型的战斗机领队。所有的飞行员都是训练有素的，其中绝大部分都是富有经验的。

　　之前还是沸腾着的飞行甲板，顷刻间却冷冷清清了。既无飞机也无喧闹。这里那里只余下几个甲板值勤人员忙于收集各种装具。可是这种寂寞又被扩音器所打破，它发出了"准备第二攻击波"的命令。

　　伴随着当当的钟声，一架架飞机又从升降机里停到飞行甲板上的列队位置上。前舱的升降机把战斗机升举上来，中舱和后舱的升降机则把轰炸机升举上来。维修员把鱼雷从火药舱里推出来装到飞机上面去。大家紧张地工作着，由于曙光快要从东方透露出来，时间紧迫，谁也不敢偷闲。

上午 5 时，一轮红日在海平线上升起。飞行甲板上又停满了飞机，以准备攻击万一出现的敌特混部队。每架俯冲轰炸机各携带一枚 250 公斤的炸弹，每架水平轰炸机各携带一枚鱼雷。第二次攻击波也总共有 108 架飞机，包括 36 架 99 型的俯冲轰炸机，36 架 97 型雷击机和 36 架"零"式轰炸机。

与此同时，7 架搜索机得到了起飞命令，去搜索正常情况下不会出现的美国舰队，以防万一。5 架搜索机顺利飞走了，但是，负责东正面搜索的"利根"号和"筑摩"号巡洋舰上的水上飞机没能按时升空。它们由于引擎和弹射器出了点故障，延误了半小时才出发。这个偶然事故成了第 1 机动部队惨败的致命原因。事后才知道，"筑摩"号的搜索机刚好错过了美国的特混舰队。如不延误，这架飞机本应该正好从美国舰队上空经过。在"筑摩"号飞机的南面进行搜索的"利根"号飞机，在返回时才发现了美国舰队。如果采用双相搜索，或者没有延误的话，美国舰队肯定会被提前发现。那样一来，南云部队的航空母舰就不会在最被动的情况下，遭到灭顶之灾了。

不过，当时除了渊田中佐一度表示过担心之外，南云部队的其他人并不认为这样会有什么不妥。

4 时 45 分，编队完毕的第 1 攻击波机群环绕舰队飞了一大圈，尔后在各舰水兵们的欢呼声中，拖着一长串红蓝色航行灯的光点向东南天际飞去。

第五章

战斗刚刚开始

　　尽管艾迪正是为了寻找日本舰队而来的，可海面上的情景仍然使他胆战心惊。"地球上最壮观的一出戏启幕了。"他控制住了发抖的手指，发出了"发现敌人航空母舰"的急电。为了躲避日军的战斗机，艾迪又闪进云层并在南云机动部队的上空盘旋。随即他继续报告……这就是等待已久的南云部队，天不亮就等在司令部的尼米兹上将一下子兴奋起来。他走到作战室把日军的位置亲手标在图上。

No.1 "发现航母编队"

　　与日本人的预料相反，中途岛正在等待他们的光临。岛上的美国人天不亮就忙了起来，准备迎战通报中即将到来的攻击。海军陆战队第6守备营的高射炮兵已全部进入战斗岗位，码头上停泊着8艘鱼雷艇，随时准备去营救空战中落水的幸存者。所有的飞机，除了在空中巡逻的以外，也待命出击。

　　保卫中途岛最沉重的担子将落在飞行员们的肩上。计划已经拟定，一旦发现敌机接近，机场上能飞的飞机将全部升空，以免被炸烂在地面。战斗机中队将在空中拦截敌机，轰炸机中队则前去寻歼敌人的航空母舰。

　　时间一分一秒地过去了，预料要来的不速之客在2点过后还没有出现。中途岛方面不耐烦了，地面部队走出掩体开始活动一下筋骨，已经发动了半个小时的飞机关了机，飞行员们都回到了待机的棚子里，只有雷达站和空中巡逻的人员还在紧张地搜索海面和空中。

　　对于PBY巡逻机驾驶员霍华德·艾迪海军中尉来说，这是一个终生难忘的早晨。由于命运的安排，他有幸承担了向中途岛西北方向搜索的任务，而这个方向恰恰是日军第一攻击波飞来的方向，也是南云庞大舰队所在的方向。

　　艾迪的飞机飞了一个小时之后，发现下方有一架水上飞机沿着相反的航向向他逼近。他立即用无线电发出"出现一架来历不明的飞机"的报告。飞机当然不可能从日本本土飞来，在它的背后一定有一艘把它运到这里的军舰，而一艘军舰孤零零深入中途岛附近是不可想象的，伴随它的一定有一支舰队。

　　艾迪继续向前飞去，竟然没有觉察到整整100架飞机的日军第一攻击波。不过，这一缺陷马上就被后面的另一架飞机弥补了。2时30分，艾迪的飞机冲出云层。7个机组人员几乎同时惊叫了起来："呀！这么大一片全是军舰。"

　　尽管艾迪正是为了寻找日本舰队而来的，可海面上的情景仍然使他胆战心惊。"地球上最壮观的一出戏启幕了。"随即，艾迪中尉用因激动而微微颤抖的左手打开了发报机的开关：

　　我是瑞香，我是瑞香，发现敌舰2艘航空母舰，我说的是2艘航空母舰，另外还有2艘重型军舰，可能是战列舰。巡洋舰和驱逐舰数目待报。我是瑞香，我是瑞香，发现敌舰队，方位320度，航向135度……

　　为了躲避日军的战斗机，艾迪又闪进云层并在南云机动部队的上空盘旋。随即他继续报告：

2艘航空母舰，2艘战列舰，方位320度，距离180海里，航向5度，速度25节。

天不亮就等在司令部的尼米兹上将一下子兴奋起来。他走到作战室把日军的位置亲手标在图上。虽说报告只提到了两艘航空母舰，但此时的尼米兹坚信有4艘，或者3艘，迄今为止的事态发展无一不证实了情报远比现场人员的眼睛更准确。尼米兹转身找到莱顿，双眼放出柔和的光芒："你的预测非常准确，谢谢你。"

正在中途岛东北面的弗莱彻也应该收到这份重要的敌情报告。但为了防备万一，太平洋舰队还是向特混舰队转发了原电。因为这份查明南云部队准确位置的电报，对尼米兹来讲，不过证实了计划的正确，而对弗莱彻的意义更大，他可以据此起飞自己的飞机，展开突然的攻击。

弗莱彻确实收到了中途岛的电报，他的位置正处在中途岛东北面约300海里的地方，距西面的南云部队大约也有这个距离。他虽然知道日本人大约在什么方向，但精确位置还有待查明。弗莱彻不能为了一个大概的预测，就派出大批飞机前去贸然攻击。如果一旦扑空，在茫茫大海上这是很可能的，其后果将很糟糕，至少千方百计谋求的突然性就会丧失。不动则已，要动就必须在精确的地点、精确的时间，实行准确无误的空袭，任何含糊不清都是冒险。因此，天不亮，弗莱彻也像他的对手南云一样派出了搜索飞机，所不同的在于，南云向东的搜索机是盲目的，并不知道前方存在一支航空母舰特混舰队，而弗莱彻向西的搜索机是明确的，就是要确定日本航空母舰编队的准确位置。

对弗莱彻来说，最好的选择是南面中途岛上的巡逻机能首先发现南云部队。日本人即便看到了这些飞机，也不会得出美国舰队就在附近的结论。相反，如果弗莱彻的飞机先发现了日本舰队，那么日本人就会从飞机来的方向判断出它们并非来自中途岛，而是来自东面某处海面上的美国舰队。这样一来，南云中将自然会把全部力量集中用来对付东面的威胁，尼米兹精心策划的侧翼伏击也就失去了突然性。

现在好办了，艾迪的电报明确了一切，而弗莱彻又没有暴露自己的行迹。弗莱彻用信号灯通知后面8海里远的斯普鲁恩斯：

向西南方前进，靠近敌人航空母啊进，然后进攻。

在海图上计算的结果表明，照这个方向再高速航行个把小时，南云的舰队就会进入飞机的有效攻击半径。

可怜的日本人此时还蒙在鼓里，一心一意地专注于中途岛方向。

友永大尉的机群已经飞行一个小时了。2点45分，比艾迪晚起飞15分钟的另一架PBY巡逻机突然发现了迎面一片黑压压的斑点，驾驶员蔡斯上尉急忙躲进云层，忙不迭地用明码发出警报：

敌人大机群正在飞向中途岛，方位320度，距离150海里。

No.2 日军发动第一波攻击

就在日军的第一波飞机朝中途岛袭来之际，中途岛已经行动起来。6时30分，营指挥通知所属部队"目标进入我射程之内就开火"。这时天空晴朗，对于高炮射击来说，能见度良好。沙岛和东岛上的沙袋工事以及沙筑的炮兵掩体为炮兵提供了良好的防护。不在高射炮炮位及其他自动火器岗位上的人都挤在防空掩体、狭长堑壕以及类似的工事里。岛上湖中的鱼雷艇也已出动，艇上的机枪，甚至连步枪和手枪都进入了戒备状态。

▼ "大和"号战列舰上空飞行的日本九七式舰上攻击机编队。

▲ 中途岛海战中战功卓著的美军侦察机正降落在航母甲板上。

战斗警报发出凄厉的呼啸声，扩音器中大吼大叫："全体人员进入战斗岗位，飞行员立即登机！"东岛简易机场的跑道上，飞机一架接一架嗡嗡滑行。岛上的海军和陆军人员早就接到命令，在这时候，凡是能飞的玩意儿统统都要飞往空中，凡是能藏的东西一概都要钻进地下。

最容易被击落的 PBY 巡逻机隆隆飞出环礁湖，飞往岛子东面的安全范围内躲藏。海军的 6 架 TBF 鱼雷攻击机和陆军的 4 架 B－26 双引擎轰炸机，作为第一波向西北飞去。第二波由海军陆战队的 16 架俯冲轰炸机和 14 架陆军的 B－17"空中堡垒"组成。第三波是海军陆战队的 11 架鱼雷轰炸机。它们并不是要迎战来袭的日本飞机，而是径直飞往远处的日军航空母舰舰队。换言之，是去攻击！被叫做"野猫"和"水牛"的 27 架战斗机最后起飞，一直爬升到 3,600 米的高空，准备向敌机群俯冲。

数以百计的飞机发动机的喧闹消失后，中途岛上陷入一片宁静。只听见波涛不停地拍打着海岸，黑脚信天翁发出尖厉的叫声，围着炮口指向西北天空的高射炮上下翻飞。

离中途岛不到 30 海里了，尾随日军机群的蔡斯上尉突然跃升到日军上空，投下了一颗伞降照明弹，向早已在空中等待的战斗机伙伴指示日军的位置。

27 架美军战斗机立即向下俯冲，直扑日本的轰炸机编队。

从 3 时 45 分到 4 时 10 分，双方在距离中途岛不远的空中展开了一场激烈的空战，交战中日本"零"式战斗机显示了它的优越性。由"苍龙"号的营波海军大尉指挥的 36 架"零"式机迎着美军战斗机冲了上去，并分别咬住美军的战斗机，使之无法去攻击轰炸机群。尽管

－80－

▲ 美军"无畏"式鱼类轰炸机在"企业"号航母甲板上待命。

美军飞行员表现得极其勇敢，无奈技不如人，一架一架地被"零"式战斗机击落。

岛上的美军指挥官通过双筒远镜沮丧地看到，性能已过时的"水牛"式和"野猫"式战斗机被日本人像拍苍蝇似地拍了下来。不到半个小时，就有17架被击毁，受伤返回的其他几架也只有两架能够再次起飞。而"零"式机只损失了两架。

营波大尉创造了一个奇迹，由于他的战斗机的有力掩护，友永大尉的轰炸机队未遭到一弹射击，全部安全地飞达目标上空。

由于没有了美军战斗机的阻碍，友永率领36架水平轰炸机，从3,500米高空用800公斤炸弹，轰炸了中途岛东面机场的跑道、机库及其他地面设施。小川海军大尉指挥的36架俯冲轰炸机，穿过高射炮猛烈的火网，从超低空投下了携带的全部炸弹。

岛上遭到猛烈空袭，情景令人震惊。一位侥幸生还的美军士兵描述说："突然间，领队日机离开机群……它俯冲到离地面大约30米处，突然翻转机身，仰面朝天，慢悠悠地从停机坪上方飞过，屁股下面扔下了几颗足有800公斤重的炸弹。"

倾泻在东岛上的炸弹全部落在二号跑道上，有一颗炸弹落在靠近一号跑道的中央，跑道很快就被炸出一个醒目的大坑。还有一颗炸弹正好落在弹药补给坑，诱爆了8颗100磅重的炸弹以及数不清的子弹，4名维修人员当场丧命。更可怕的是，一架俯冲轰炸机向飞机库投下炸弹，击中了里面的一些炸药。整个机库都飞上了天。

6时38分，一架俯冲轰炸机炸毁了发电站，从而使岛上的供电系统和一个蒸馏水厂陷于瘫痪。这也许是中途岛受到的最大破坏。水平轰炸机还炸毁了码头区和主要储油区间的输油管路，造成十分严重的破坏。

陆战队的伙房也未能幸免，锅碗瓢盆一齐飞上了天，平常吃的食品全都成了粉末。战斗结束之后，陆战队员们只好一直吃紧急配给的食品。随军小卖部被炸得无法营业。啤酒罐头被炸得像霰弹一样四下横飞。有一只罐头砸在一名机枪手的太阳穴上，把他砸昏了。炸弹还把装着香烟的纸箱子都展开了，甚至连烟盒也震散了。一阵白色的香烟雨落得到处都是。

日本重点轰炸目标是沙岛。3个贮油罐被彻底炸毁。油罐里的油整整烧了两天，滚滚的浓烟飘扬在整个岛上，连高射炮的火力发挥也因为浓烟弥漫而受到影响。

陆战队驻地的一条从海里抽水的管道被一颗炸弹炸断。一个水上飞机机库也被炸毁起火。其他各类建筑物，有的被炸，有的因炸弹落在附近，有的因弹片，也有的因气浪冲击，遭到不同程度的破坏，发生晃动。

屋顶上画着巨大红十字的海军诊疗所，被两颗炸弹以及爆炸后燃起的大火夷为平地。海军洗衣房也挨了一颗炸弹，被炸塌一部分，其中的衣物全部化为灰烬。

紧跟在轰炸机后面蜂拥而至的是战斗机，它们向发现的所有目标扫射，负责掩护的"零"式战斗机更是疯狂，它们如狼似虎地来回穿梭疾驰，在烟雾中看到什么就扫射什么。

中途岛守军的90毫米、40毫米和20毫米的高射炮响成了一片，几艘鱼雷艇上的机关炮也吐着火舌。在火烟中穿行的日军飞机，接连中弹，断翼落海。一个俯冲轰炸机中队长将800公斤巨型炸弹投下后，接着俯冲翻转，在15米高度呼啸而过，向高炮阵地放出一排机枪弹，然后打了个嘲弄的手势，欲从美军炮手的头顶飞走。然而，不一会儿他的飞机就变成了一条火龙，"潇洒"地画了个曲线，在海面炸起巨大的水柱。

6时43分，南云收到友永的电报："我们完成任务，正在返航。"

空袭历时半个小时，美军伤亡 30 余人。地面一些设施被炸，数个机库燃起了大火。24 架战斗机被击落 15 架，重创 7 架。美军的高射炮击落了 10 架日机。岛上的储油罐烈焰翻腾，犹如巨大的火把。从表面看，全岛一片狼藉。

实际上，由于美军预先有所准备，中途岛上受损的情况并不是很严重。地面上大约有 20 人死亡，数字相当小。跑道受到轻微的破坏。空袭后的检查发现，遭破坏的设施大多数都能修好。几天后，中途岛驻军全体出动，努力恢复供电，修复供水管道和下水管道，扑灭零星小火，清除瓦砾废墟。

友永清楚地知道这一切，他显然对第一波轰炸效果不满意。日军没有遇上轰炸机或巡逻机，这些飞机才是重要的目标。从飞机上看，地面上的机场跑道完好无损。此外中途岛上的高射炮一直在进行对空射击。种种迹象表明，第一波轰炸没有取得理想的效果。

将近 4 时，友永率队返航，由于他的发报机被打坏了，他向身边的另一架飞机举起了

▲ 从中途岛起飞的美军 B-17 型轰炸机（左图）在攻击日军舰队时，遭到日本"零"式战斗机（右图）的截击，而损失惨重。

一块小黑板，上面潦草地写着："有必要发动第二次攻击。"

那位驾驶员点点头表示明白了这条建议。

一场交锋下来，中途岛的美军战斗机几乎全军覆没。友永的第一攻击波损失了 9 架飞机，其中"零"式机 2 架，轰炸机 7 架，另有 32 架飞机受了轻伤，但不妨碍它们飞行两个钟头后返回航空母舰。

No.3 战斗刚刚开始

几乎在日本联合舰队第 1 机动部队的飞机对中途岛进行狂轰滥炸的同时，6 时余，美军从中途岛起飞了第一波攻击机群，共 6 架 TBF 鱼雷机和 4 架 B-26 轰炸机。10 分钟后，

6 架 TBF 鱼雷机贴着水面飞了过来。

7 时整，"赤城"号旗舰收到了友永建议第二次空袭中途岛的电报，南云中将正在踌躇之际，舰上响起了空袭警报。大约 7 时 1 分，美军的科林斯和费伯林飞行小队同时到达目标海区上空。美军飞行员欧内斯特有生以来第一次看到如此庞大的舰队，洋面上展开的壮观场面使他看得着了迷。

日本人已发现这批不速之客。"赤城"号在 7 时 5 分最先报告："敌机 9 架，方位 150 度，距离 2.5 万米……"

随即，这艘庞大的舰艇以战斗速度迎着这些飞机驶去，尽量避免把两侧暴露给敌人。

3 分钟后，7 时 8 分，"赤城"号和"利根"号开始对空射击。1 分钟以后，10 架"零"式战斗机腾空而起，前去迎战美机。

此时，美军飞机编队已经乱了阵形，正在各自为战。为防止液压装置失灵而无法投放鱼类，飞机把弹舱门全部打开了，但飞机的速度却因此而受到影响。对"零"式战斗机说，这些飞机简直就是活靶子。日机蜂拥而至，但是，这些没有战斗机掩护的鱼雷机不要命地穿过火网直扑"赤城"号。3 架"零"式战斗机被迫朝着自己的高射炮火迎了上去。几秒钟后，机腹射手兼报务员、三等航空兵费里尔发现炮塔里已经无声无息。他回头一看，只见炮手曼宁已经扑在机枪上，被"零"式战斗机的子弹夺去了生命。费里尔才 18 岁，可他现在一下子变得成熟了。以前他总觉得自己是这个世界的中心，死亡只是一种理论上的现象，只发生在这个世界边缘的人们身上，可是如今，死亡就发生在自己的飞机上。

接着，一架"零"式战斗机俯冲下来，一阵扫射把飞机的液压系统打烂了，还打伤了费里尔的手腕。另一架"零"式战斗机射出的一颗子弹穿透了费里尔的帽子，他当即昏死过去。这样一来，飞机上就只剩下欧内斯特一个人了，他同时担当起驾驶员和机组乘员的角色。正当他驾驶飞机准备自救之际，飞机再次中弹，升降舵失灵。由于脖子上挨了一下，他几乎失去自控能力。伤势倒不重，但脖子负伤也像头部其他部位负伤一样，血直往外冒。他感到一股热乎乎的东西顺着脖子往下淌。

升降舵失灵、一名机枪手死亡、另一名昏迷不醒，自己也像被戳了一刀的猪，血流如注。欧内斯特知道现在已不可能去攻击航空母舰了。他朝着左侧一艘巡洋舰飞去，投下仅有的那枚鱼雷，然后拼命拉起机头，一心想尽快逃离这个死亡的地狱。看来就剩下自己这架飞机了，否则两架"零"式战斗机机为什么老缠着自己不放。

欧内斯特进行规避，已从日舰队上空飞过去。此刻，敌舰处于他和中途岛之间，他只能祈求上帝，保佑他能迂回飞回中途岛。电器系统全部失灵，液压系统也被击毁，弹舱门关不上，罗盘在尾部，不知读数是多少，空速计和油压表也都完蛋了。事实上，飞机上还能运转的除发动机外就是欧内斯特了。他驾驶这架飞机摇摇晃晃地先朝南飞，而后再折向东。及至他看见云层中一柱黑烟时，他穿出云层，发现下方是库雷岛。这时他知道了自己的方位。更幸运的是，费里尔恢复了知觉，爬回了自己的位置。9时40分，他们全然不理会地面上让他们离开的信号，在中途岛着陆。飞机在地上打了个转，在滚滚扬起的尘土中戛然停住。派往中途岛的鱼雷机分队中，在这次攻击后生还的只有欧内斯特和费里尔两人。

▲ 美军飞机在中途岛上空作战。

与此同时，科林斯率领的轰炸机小队径直扑向南云的舰队。他们先稍向左舷，而后一个急转直向右舷，以避开对空火力。他们没有理会下面的巡洋舰，而是直接朝舰队中央部分的一艘大型航母扑过去，那是"赤城"号。

此时，所有敌舰都在对空射击；6架"零"式战斗机从200米高处朝他俯冲。科林斯俯冲到60米，敌机的大部分子弹都从他上方飞过，但紧紧跟随他的其他两架飞机则没有他这么幸运，很快中弹起火，随后就一头栽到海面上。

"赤城"号使出浑身解数左避右闪，一个左满舵，接着一个右满舵，但仍处于科林斯攻击范围内。科林斯认为只要鱼雷方位准确，他就能击中敌舰。他在730米高处投下鱼雷。科林斯亲眼看见一条鱼雷直接冲向航空母舰。"赤城"号拼命躲闪，鱼雷从侧翼划水而过。另外一枚鱼雷向右舷破浪冲来，另两枚鱼雷落在左舷，其中一枚从航空母舰尾侧飞驶而过，另一枚自行爆炸。

"赤城"号上第二波鱼雷机的飞行员们聚集在甲板上兴致勃勃地观战。舰上所有高炮都在对空射击，可是不时还有飞机呼啸着冲过来。人们不断发出惊呼："要撞到舰桥上了！"可都在离舰桥仅几米的地方被炮火击中，骤然下跌，一头栽进海里。

"赤城"号上的人乐得手舞足蹈，更有人不断说着俏皮话。

9时15分，科林斯和默里的两架飞机摇摇晃晃地返回中途岛，美军第一次攻击南云舰队的行动结束了。

中途岛美军鱼雷机的攻击虽说损失惨重，而且没有给对手造成丝毫伤害，但是它们自杀性的攻击却使日本人犯了一个致命的错误。当拂晓时第一攻击波起飞袭击中途岛后，南云中将立即下令正在4艘航空母舰上待命的第二攻击波——也是108架飞机，其中战斗机、俯冲轰炸和鱼雷机各占1/3——做好出击准备。当时南云中将认为第一攻击波足以完成摧毁中途岛的任务，因此，第二攻击波是准备用来攻击可能出现的美国航空母舰部队的。尽管大家都不太相信美国航空母舰会在这个时候出现，但有备无患，南云还是采取了稳健的做法。

可是，接到友永大尉要求第二次空袭中途岛的电报后，"赤城"号舰桥上出现了争论，有人坚持必须掌握一半兵力应付出现敌人舰队的意外情况，有人认为所谓意外情况纯属臆想，让半数兵力闲置待机简直难以理解。

如果说刚接到友永大尉请求的时候，南云中将还有些犹豫，那么美军鱼雷机的攻击则坚定了他的决心。南云觉得，既然始终没有迹象表明附近存在敌人的水面舰队，就应该集中力量迅速而彻底地摧毁中途岛的防卫力量，为即将实施的登陆战扫除障碍。南云虽然亲眼目睹了"零"式战斗机如何干脆利落地敲掉来犯的敌机，但他也清楚地感到，中途岛仍然具有空中攻击的实力，而且这些美国飞机一旦前去攻击笨拙的运输舰，它们的战绩肯定会好得多。

因此，刚一粉碎鱼雷机的进攻，南云立即下令第二攻击波的飞机准备再次空袭中途岛。这就是说，"赤城"号和"加贺"号上的36架鱼雷机必须卸下已经装好的全部鱼雷，换上攻击地面目标的800公斤炸弹。已经在飞行甲板上排列整齐的鱼雷机一架架地被送回机库，飞行人员、地勤人员和军械人员拼命地从事这一吃力的换装工作。这一折腾估计需要近一个小时。

南云和他的幕僚们谁也没有想到，这场混乱才刚刚开始。

"我们就好像一个背着满口袋黄金，单身在森林里赶路的人，哪个强盗首先发现了，都会猛扑进来。"事后，曾身临其境的渊田忧心忡忡地说道。

第六章

抢占先机

　　这份电报犹如晴天霹雳，震撼了"赤城"号舰桥上的南云中将和他身旁的所有幕僚。迄今为止，没有人能够预料到美国人的水面舰队会出现得这么快，更没有料到敌人的舰队就在附近设伏待机。什么"好像是敌舰"！除了美国人还会有谁？联合舰队其他各路部队统统都在南云部队西面和西南面的后方……"零"式战斗机锐不可当的进攻刺激使得他们欣喜若狂，每当一架鱼雷机掉入大海，甲板上的人们就吹着口哨表示庆贺。

No.1 南云打了一个激灵

尽管出现了个别搜索机延迟起飞、美军鱼雷机前来袭击等插曲，但直到6月5日9时15分之前，南云机动部队的行动都在按计划有条不紊地进行着。

但是，10多分钟后形势大变。前面提到的那架迟了半小时才出发的"利根"号上的搜索机，9时20分左右飞到了300海里远的搜索扇面的终点，一路上什么也没有发现。飞行员慢悠悠把机头掉向北面，打算向北飞60海里后，再掉头向西返回。这位不知名的飞行员孤零零地游荡在水天一色的大海上，不免感到几分无聊，精力也不再那么集中。让一个人在两个小时之内盯着单调乏味的海面，恐怕谁都会感到疲倦。

飞行员看了看右边，除了海水就是天空，当目光移向左前方时，他打了个激灵。一群军舰犁开海水，拖着白色的航迹驶往东南方向。他来不及飞近详细观察，马上用电键敲出："发现10艘军舰，好像是敌舰。方位10度，距离中途岛240海里。航向150度，航速20节以上，时间4时28分。"

这份电报犹如晴天霹雳，震撼了"赤城"号舰桥上的南云中将和他身旁的所有幕僚。南云当即心头一紧，不由自主地打了个冷战。迄今为止，没有人预料到美国人的水面舰队会出现得这么快，更没有料到敌人的舰队就在附近设伏待机。舰队参谋长草鹿暗自思忖：他们原来在那儿！

源田在战后回忆说："南云和其他参谋人员都觉得我们上当了，放松了警惕，同时也不知道怎样来正确地审度当时的局势。"

"10艘水面舰艇，好像是敌舰。"什么"好像是敌舰"！除了美国人还会有谁？联合舰队其他各路部队统统都在南云部队西面和西南面的后方。南云自己的部队处于中途岛攻略部队的最东侧；可以推测，这10艘军舰不是德国的，当然更不会是意大利的，所以只可能是敌舰。

情报参谋小野大尉立刻在海图上标明了敌舰位置，敌人恰好离南云部队200海里！就是说，处于日方飞机的攻击圈内。可是，如果敌舰队中有航空母舰的话，日方也处于敌人飞机的攻击圈内。现在亟待判明的是：敌舰队的组成如何？有没有航空母舰？倘若没有，对日本人就不构成威胁。它完全处于日本舰载飞机的攻击范围之内，可以暂时让它逍遥自在地游弋，等到第二波攻击完成轰炸中途岛的任务后，再回来收拾它也不迟。

7时47分，一封急电发给"利根"号的搜索机，内容是："弄清舰型，保持接触。"

此刻，"赤城"号和"加贺"号的鱼雷机换装炸弹的工作大概已完成了一半。作业队卸下鱼雷、装上炸弹后，飞机重新被起吊到飞行甲板上。两艘航母的飞行甲板上已停放了

10 到 15 架准备攻击中途岛的轰炸机。当然，在紧急情况下炸弹也可以用来攻击舰船，但命中率和破坏力都远不及鱼雷。

现在情况改变了，这就迫切需要做好准备，以便在"利根"号的搜索机进一步证实附近的敌人舰队确是对于南云部队构成真正的威胁时，可以应付新的局势。

▲ 美国战机护卫着在太平洋上行驶的航母编队。

因此，7 时 45 分，南云急忙下令两艘母舰的截击机立即停止换装工作，并命令整个舰队做好准备，应对可能的攻击。

日军搜索机发现的目标正是早就待命的美国特混舰队。当时，美国航空母舰上的飞机已经开始起飞。

美国舰队是在 4 时不到抵达这一地点的，第 16 特混舰队在前，第 17 特混舰队在后，相距约 10 海里向前疾驶。虽说弗莱彻和斯普鲁恩斯已经知道了南云部队就在西面，但要不要马上起飞攻击敌人，他们还在犹豫。

这个决心必须由斯普鲁恩斯来下，因为弗莱彻已经下令把自己所在的"约克城"号航空母舰上的飞机留作预备队。理由是迄今为止只证实了日本人的两艘航空母舰，而电报说是有 4 艘，必须留下一部分兵力去对付虽未发现，但八成存在的另两艘航空母舰。这样一来，斯普鲁恩斯的"企业"号和"大黄蜂"号航空母舰的飞机就承担起了第一波攻击的任务。

斯普鲁恩斯原计划再向目标靠近一些，在 6 时整起飞攻击，那时他离目标就不到 100 海里了，他手下的各种飞机，包括航程最短的鱼雷轰炸机都可以有充足的油料返回航空母舰。但是，在这两个小时的接敌过程中，会不会被南云部队发现，并遭到日本飞机的抢先攻击，斯普鲁恩斯没有把握。即刻起飞攻击虽然也够得上日本舰队，但那些速度慢、航程短的鱼雷机肯定无法再返回来。当然也可以不让 30 架鱼雷机参加第一波攻击，可这违反了斯普鲁恩斯历来主张的要攻击就得不遗余力的基本原则。特别是在敌我力量相差悬殊的这种时刻，美国舰队取胜的唯一可能就在于突然一击。倘若第一击由于力量不足而未达目的的话，那么第二次攻击成功的可能性可以说是微乎其微，而且一旦日本人回手发起反击，自己的舰队也许就不存在了。

机会只有一次，这就是航空母舰作战的特点。斯普鲁恩斯的参谋长布朗宁上校力主

▲ 美舰载机编队在飞行中。

马上起飞，他是航空方面的专家。布朗宁判断，日本攻击飞机正在空袭中途岛，根据其速度和距离，大约6时左右能返回航空母舰，在此之前南云中将肯定不会改变航向，以免返回的飞机找不到航空母舰。布朗宁的准确推断对美国人的胜利起了重大作用。

"我主张，争取在敌航空母舰回收飞机之时发起攻击，这样，就必须马上派出飞机。"布朗宁的口气简直像是下命令。

这真是个棘手的抉择，但在需要忍痛割爱的关头，斯普鲁恩斯毅然作出了任何一个优秀指挥官都懂得的决定：冒牺牲少数的风险，以保全多数，把握住先发制人的宝贵时机。

4时整，第16特混舰队的两艘航空母舰都转向了逆风，"企业"号和"大黄蜂"号的飞机鱼贯滑出跑道，飞向空中。

一共需要起飞 116 架飞机，其中包括 20 架战斗机、67 架俯冲轰炸机和 29 架鱼雷轰炸机。除了必须留下来保护自己的 34 架战斗机之外，斯普鲁恩斯把所有 104 架轰炸机中的 96 架全部撒了出去，剩下的 8 架轰炸机要么有毛病，要么是为了执行侦察任务。斯普鲁恩斯志在必得！

斯普鲁恩斯站在"企业"号舰桥上注视着飞行甲板上的活动。一半飞机还没有升空，另一半在空中兜着圈子等待，白白地耗费宝贵的汽油。现在多浪费一升汽油，就意味着少一分返回的希望，飞行甲板上的这些混蛋怎么不懂这个道理？

难怪日本飞行员瞧不起美国同行，116 架美国飞机在白天离舰升空，竟然花了近一个小时！而几个小时前，南云的第一攻击波的 108 架飞机完成同样的作业，仅仅用了 15 分钟，而且还是在拂晓前的黑暗中借助灯光完成的。

慢吞吞的起飞令斯普鲁恩斯无法容忍。恰在此时，"企业"号收到附近空中日本搜索机驾驶员发出的紧急电报，内容虽不明白，但那个日本鬼子肯定是在报告美国舰队的位置。

不能再拖延了。4 时 45 分，斯普鲁恩斯急令已在空中的飞机立即出发，不用等候其他正在起飞的飞机。

日本搜索机的出现也使稍靠后一点儿的弗莱彻改变了决心，尽管另外两艘敌人航空母舰的情况还未查明，但亲身经历了珊瑚海首次航空母舰对阵的弗莱彻懂得，抢占先机对胜利是至关重要的。他决定让"约克城"号的半数飞机马上起飞，仅留一半作为预备队。

5 时 38 分，"约克城"号上的 17 架俯冲轰炸机、12 架鱼雷轰炸机和 6 架战斗机向西面飞去。

望着渐渐远去、变成小黑点的机群，弗莱彻和斯普鲁恩斯不约而同地在心中画着十字："该做的都做了，现在听天由命了。"

▼太平洋战争中，美军用于搜索的侦察机。

也许南云部队的庞大机群也在起飞。如果真是这样，那么要不了多久，自己的舰队也将面临可怕的攻击。斯普鲁恩斯下令各舰恢复作战队形，准备迎战。

美国人过虑了，他们事后才知道，此时，南云机动部队正处于日益加剧的混乱中。

No.2 "舰载飞机正在靠近"

自 7 时 28 分得知附近发现美国水面舰队的惊人消息后，南云方寸大乱，先是匆忙修改前令，命令各舰飞机停止换下鱼雷。继而怒气冲冲地要"利根"号的搜索机立即查明敌方有没有航空母舰。

在焦急等待中，来自中途岛的美军飞机又执意不让南云部队有丝毫喘息之机，接二连三地飞来攻击。

7 时 48 分，中途岛美军岸基飞机的第二波攻击降临了。这次来的是 14 架陆军航空兵的 B-17 "空中堡垒"。它们是美国最新型的陆军轰炸机，拂晓前就离开了中途岛，本想去攻击西面的日军运输船队，但中途改变了计划，前来攻击日军航空母舰。这种"空中堡垒"很坚实，载弹 4 吨多，只要命中了水面舰只，破坏性是非常可怕的。可是，陆军飞行员缺乏攻击海上活动目标的经验，再加上 B - 17 是高空投弹，命中的机会自然不大。它们在 6,000 多米的高空扔下炸弹后，洋洋得意地飞走了。陆军飞行员回去吹嘘说，有 4 颗炸弹命中了两艘航空母舰。实际上，所有的炸弹除了在海上炸起一束束壮观的水柱之外，日军舰只未受丝毫损伤。同样，水面上大小舰船的高射炮尽管集中火力猛射，但也没有一炮命中。

B-17 刚刚结束攻击，8 时整，又一批 16 架美军俯冲轰炸机飞临上空。担任前卫的驱逐舰纷纷释放烟雾，并用高射炮组成一道弹幕，企图阻止美军飞机突入航空母舰头顶。刚刚返回舰上补充油弹的 10 多架"零"式战斗机再次迎了上去，用高超的技术一架又一架地把美国飞机送入海底。眨眼间，美军飞机剩下了一半，但仍勇敢地逼近"飞龙"号航空母舰。一阵硝烟腾起，"赤城"号上的人们心都揪了起来，"飞龙"号这次难逃劫难了。稍过片刻，雄赳赳的"飞龙"号冲出了硝烟，什么事也没有似地继续航行。侥幸返回中途岛的 8 架美军俯冲轰炸机中有 6 架受伤报废。

看上去，南云部队的防空作战获得了全胜。到 8 时 30 分，天空再次恢复平静之时，南云部队虽然遭到中途岛美军岸基飞机的鱼雷攻击、高空轰炸和俯冲轰炸，但却未损伤一丝一毫。相反，中途岛的航空攻击兵力却被打成了残废，再也没有力量向南云部队挑战了。

但是，中途岛岸基飞机的惨重牺牲并非徒劳无益。将近一个半小时的连续攻击，迫使南云部队不得不全力应付头顶的威胁。准备为第二攻击波护航的36架"零"式战斗机不得不一次又一次地升空迎战美军。因航空母舰不断地进行规避动作，机库内的弹药换装工作也无法正常进行，大大拖延了作业的进度。而且，原来严整的队形在战斗机起飞和降落时频频移动，大为分散，所以极需利用战斗间隙收拢队伍。

　　来自中途岛的威胁和干扰，使南云部队针对美国水面舰队的一切作战准备全部乱了套。

　　更要命的是，就在对中途岛美国飞机的防空战斗接近尾声的时候。8时20分，"利根"号的搜索机终于发来了南云中将一直等待的电报：

▲ 美军航母编队。

▲ 美军的轰炸机在中途岛海战中首当其冲。

　　"敌舰队后面似乎有一艘航空母舰。"

　　"赤城"号舰桥上的每一个人都紧张起来，大家都希望这个消息不确实。既然是"似乎"，那么至少有一半可能是误报，否则，美国舰队的飞机为什么迟迟不来进攻呢？

　　10多分钟后，又接到该搜索机的报告："敌舰队中还有两艘巡洋舰。"

　　这个飞行员真是笨蛋，从7时28分第一次发现水面舰队以来，过去了一个多小时，他还没有提供确切的可以使人定下决心的敌情报告，仅有的一份关于敌人航空母舰的电报也是含糊其辞。人们心说，日本海军中竟然也有这号混饭吃的家伙，真是可恶至极。"赤城"号上的参谋们恨不得把这个飞行员从天上揪下来痛揍一顿。美国著名作家沃克在他的小说《战争与回忆》中写道："冥冥之中叫人啼笑皆非地安排了这个侦察机飞行员，他晚起飞半小时，因此他那关键性的发现也相应推迟了，他起初看见一条航空母舰没认出来，此后也没提起另外的航空母舰，作出这番拙劣的表演后，他在历史中消失了，像咬死克莉奥特拉的那条毒蛇,他是一个微不足道的人物,但是一个帝国的命运在这一瞬间竟令人悲痛的取决于他。"

南云中将尽管也非常恼火,但头脑却在飞速运转,根据已经了解到的敌人兵力规模,他判断其中至少有一艘航空母舰。因此,必须首先攻击敌人的水面舰队。可是,立即攻击谈何容易。虽然他已经下令停止换下鱼雷,但"赤城"号和"加贺"号的大部分鱼雷机已经装上了轰炸陆上目标的炸弹,第二攻击波的全部"零"式战斗机都在空中对付中途岛的敌人岸基飞机。因此,真正可以立即用来进攻敌航空母舰的只有"飞龙"号和"苍龙"号上的 36 架俯冲轰炸机了。

南云中将处于进退维谷的境地。如果立即下令已经准备好的 36 架俯冲轰炸机前去攻击敌舰队,可能遭到惨重损失,因为没有战斗机护航。还有,要不要使用停在"赤城"号和"加贺"号飞行甲板上的那些装上对地面目标攻击用的炸弹的鱼雷机?这些炸弹虽不如鱼雷,但如能直接命中,仍能使敌舰受到重大损失。但是,鱼雷机比俯冲轰炸机更需要战斗机掩护,否则,它们很容易成为敌人战斗机的活靶子。中途岛来的鱼雷机不是刚刚表演了这样悲惨的一幕吗?

南云犹豫不决,母舰第二分队司令山口少将向他提出紧急建议。他的旗舰"飞龙"号离"赤城"号很远,从"利根"号搜索机的连续报告中,他认为敌人的特混部队是目前最大的威胁,必须采取迅速的攻势行动,对其实施打击。因此,他向南云建议:"我认为应该立即动用'飞龙'和'苍龙'两舰的飞机起飞攻击。"

这一建议应该说是比较积极的,虽然攻击机在没有战斗机护航的情况下会遭到不小损失,但至少要比留在航母听任美军攻击要明智,而一贯被南云倚重的源田此时没有这样建议,主要是在空中的第一攻击波飞行员大多是他的至交好友,他实在不忍心让他们因无法及时着舰而再有什么损失。山口在日本海军中被公认为才干超群,很可能成为山本的继任者,这点也为南云所深深嫉恨,所以南云不愿接受他的建议。

就在南云举棋不定之际,友永率领的第一攻击波的近百架飞机返航回到了舰队上空。从 4 时 45 分拂晓时出发,到现在的 8 时 30 分,友永的机群已经在空中飞行了近 4 个小时。别说那些受伤的飞机等不及了,就是完好的飞机,燃油也快耗尽了。如果不立即回收,友永的飞机就会像失去翅膀的鸟一样坠落大海。这样的损失太无谓了。

要么立即让已在甲板上的俯冲轰炸机和鱼雷机起飞,在没有战斗机掩护下去进攻,以便腾出飞行甲板。要么就把这些排列好的飞机挪开,让空中盘旋的飞机降落,但这要冒耽误进攻时机的风险。

▲ 中途岛海战中，日、美双方不断有战机被对方击落

空中机群隆隆的响声催促着南云快下决心，已经有几架受伤的飞机在海上迫降了。

南云权衡再三，犹豫不决，足足考虑了10分钟。最后，他决定：将轰炸机送回下边的机库，清理出飞行甲板，回收第一攻击波的轰炸机和空中巡逻的战斗机；收机完成后，舰队暂时北撤，推迟攻击美国舰队的时间。

南云的想法是颇有道理的。他的部队搭配得当，在实力上也占很大优势。所以，如果把他的全部兵力投入一次大规模的攻击中去，那是不难把敌人歼灭的。这种战略是正统的战略，但有一个缺陷，忽视了时间因素。战斗的胜利并不总是属于力量强大的一方，而往往是属于能更迅速果断地去应付没有预料到的情况，并能更迅速地抓住瞬间即逝的战机的一方。

在发出了清理飞行甲板、准备回收飞机的命令之后，疲惫不堪的地勤人员开始再次把鱼雷机送到下边的机库，以便腾出甲板好让在空中的飞机降落。同时，他们开始按照新的命令，在机库里重新卸掉炸弹，再装上鱼雷。地勤人员们大声喊道："再干吧！这好像是在搞一场炸弹换鱼雷，鱼雷换炸弹的比赛！"

在返航的飞机一架接着一架降落在飞行甲板上的时候，下面机库甲板上在拼命赶着给鱼雷机重新装雷。只穿着短袖衬衣和短裤的地勤人员匆忙地卸掉重磅炸弹，来不及把卸下的炸弹送回到下面的炸弹库去，只好堆积在机库旁边。他们未曾想到，后来正是这些随便放置的炸弹，在美机来轰炸时成了致命弹，把他们的军舰彻底葬送了。

6时18分，第一攻击波在空中进行战斗巡逻的战斗机全部回收完毕，紧接着又展开了紧张的进攻准备。各航空母舰的升降机升起又降下，把那些已经换上鱼雷或对舰攻击炸弹的飞机一架架地提上飞行甲板。

▲ 在航母甲板上准备起飞的美军舰载机。

"加油干！攻击队定于 7 时起飞！""赤城"号舰桥上下达了新的命令。

新的攻击波计划包括 54 架鱼雷机（"赤城"号和"加贺"号各 18 架，"飞龙"号和"苍龙"号各 9 架）和 36 架俯冲轰炸机（"飞龙"早和"苍龙"号各 18 架）。但是战斗机的数量比原来第二攻击波减少了 2/3。因为考虑到敌舰载机必将来攻，绝大部分"零"式战斗机必须用于保护舰队本身，所以只挤出 12 架"零"式机来掩护轰炸机队。

8 时 55 分，收回飞机的工作将近完成时，南云采取行动执行他的计划其余部分。他向各舰发出了灯光信号，下令："收机作业完成后，部队暂时向北航行。我们计划接触并歼灭敌机动部队。"

在发出上述命令的同时，南云向"大和"号上的山本海军上将和指挥攻略部队的近藤海军中将发电报："8 点整，发现敌航空母舰 1 艘，巡洋舰 5 艘和驱逐舰 5 艘。敌方位 010 度，距离中途岛 240 海里。我们将驶向敌人。"

9 时 18 分，中途岛攻击队和进行战斗巡逻的战斗机全部收回。南云部队的航向改为 030 度。为了减少中途岛岸基飞机的威胁并取得对美舰队的有利阵位，舰队的航速增加到 30 节。

这时，航空母舰上的地勤人员忙于给刚刚降落的飞机加油、补充弹药，只需 1 个小时的时间，南云的 100 多架飞机组成的攻击部队就可以全部准备完毕，同时去攻击美军的航空母舰特混编队了。

但是，就在这 1 个小时内，战局却急转直下，出现了令人震惊的变化。

9 时 20 分，从外围警戒的驱逐舰上传来了"敌人舰载飞机正在向我接近"的警报。一直倚靠着降落伞包，躺在飞行指挥所旁边的渊田下意识地看了看手表：9 时 20 分。"他们终于来了。"渊田喃喃自语。

一切情况表明，美国人已经事先发现了日军主力舰队，而攻击目标是航空母舰。他们连番派出"复仇者式"鱼雷轰炸机，咬住"赤城"号、"加贺"号、"苍龙"号和"飞龙"号这一点，南云心里都非常清楚。这位对帝国和天皇一片赤胆忠心的海将，原想在中途岛巧出神兵，大打出手。眼下舰队的处境如履薄冰，凶多吉少。美国人的拦腰一击，完全打乱了事先制订的作战计划。南云站立在旗舰舰桥上，双目无光，神不守舍。他指挥过无数次海上战役，从来没有像现在这样紧张。每艘航空母舰都在千钧一发中。

美军的鱼雷轰炸机飞来一批又一批，大型B-26轰炸机也相继参战。南云舰队远离本土，中途岛登陆受阻，欲战受敌，欲罢不忍，除了继续硬拼，没有任何选择。他命令已经装好鱼雷的水平轰炸机火速卸下全部鱼雷，立即升空迎战。第二攻击波的出击，只能暂时作罢，保卫自己舰队是当务之急。

一批美机轰炸刚刚结束，较远的一艘驱逐舰发出烟幕信号，报告发现将近100架美军飞机来袭。南云紧张得手里捏着一把汗："全体舰队，高射炮立即装弹，准备齐射！"

机群很快就上来了。几百门高射炮立即开火，轰了一阵，打掉几架飞机后，炮火突然停了。南云将军大发雷霆："为什么不射击？"

No.3 美军抢占先机

当美军中途岛派出的侦察机首次报告发现日军航空母舰时，美国航空母舰编队正位于日军航空母舰编队东北方向大约200海里处。两支航空母舰编队的总指挥官弗莱彻将军立刻命令"大黄蜂"号和"企业"号航空母舰"向西南急进，一经查明敌航空母舰位置，立即予以攻击"。

而此时"约克城"号由于派出搜索敌人的10架舰载机还都未返舰，弗莱彻将军本人则率"约克城"号等舰逆风徐徐东进，以便收回派出搜索的飞机，在回收侦察机后随后跟进。

斯普鲁恩斯在美国海军中以老谋深算而著称。他认为，只有将敌我之间的位置缩小到适宜距离，并选择一个有利的战机令突击机群起飞，才能取得最大的战果。因此，他没有急于令他的舰载机起飞，而是暗暗地等待着时机。

大约7时，斯普鲁恩斯推算他的舰队距南云部队大约还有150海里，而且他预计袭击中途岛的日机这时候即将返回母舰加油装弹。斯普鲁恩斯认为攻击的绝好机会到了，遂下令舰载机开始起飞。

在一阵震耳欲聋的飞机发动机轰鸣声之后，35架轰炸机和15架鱼雷机离开"大黄蜂"号母舰，在10架战斗机的护卫下，从两种不同的高度，首先向南云编队所在的水域飞去。

紧接着，"企业"号的33架俯冲轰炸机和14架鱼雷机陆续升空，在10架战斗机的护卫下，一前一后向目标飞去。这样，美机共起飞137架的飞机，分为4个机群飞向预定目标。

当弗莱彻所率的第17特混编队将派出搜索的飞机全部收网后，便立即掉头向西南急进，前去追赶斯普鲁恩斯所率的第16特混编队。

弗莱彻在追赶斯普鲁恩斯时，知道"大黄蜂"号和"企业"号上的117架飞机已经升空了。他想，根据敌情通报得知，袭击中途岛的日本航空母舰共为4艘至5艘，到目前为止仅仅发现2艘，因此不能把全部的力量都用出去。否则一旦发生意外情况，将无以应对。他决定将"约克城"舰上的飞机留下一半，以准备对付尚未发现的航空母舰。

于是，他命令"约克城"号舰长以1/2的舰载机投入战斗。这样，又有6架战斗机、17架轰炸机和12架鱼雷机从"约克城"舰上起飞，编成一队。这是美方派出的第5个机群。

这样一来，斯普鲁恩斯终于抢占了进攻的先机，而且是在南云部队回收飞机并忙于给飞机加油、装弹的最有利的时候。

由于天空浓云密布，美军派出的第一批攻击机中，由沃尔德伦少校率领的15架鱼雷机很快就与由斯坦尼普·林海军中校率领的34架俯冲轰炸机失去了联系。

丢掉了鱼雷机的林中校继续向西飞去，到达预定的截击点时，没有发现南云部队。其实目标离得并不远，但林却沿错误的方向飞行，他又飞了50海里，结果离中途岛近了，而离南云部队更远了。这时油量已经不多了，慌乱中俯冲轰炸机群开始分散飞行，各自按自己的判断寻找降落地点。其中20架跟着林中校返回了"大黄蜂"号，另外13架迫降在中

▼ 美海军的第二代舰载战斗机 F-6F。

▲ 美军飞行员正一起探讨战术问题。

途岛。事后，林海军中校的行动引起了众多责备，他本人也受到军事法庭的审问。

"大黄蜂"号起飞的 10 架战斗机也没能参加战斗，它们因油料耗尽全部迫降海上，从而未经战斗就损失了自己的飞机。

沃尔德伦少校的行为远比林中校英勇。9 时 15 分，沃尔德伦情不自禁地惊叫了一声。只见远方海面上，一群战舰拢成巨大的钢铁花环，正在静静地向北行驶，蓝色的大海、灰黑色的军舰、白色的浪花，织成了一幅壮丽的画卷。

这就是南云舰队！

此时，沃尔德伦率领的鱼雷机燃料已快耗尽，又无战斗机掩护。如果在此时进行攻击，无异于自杀。但沃尔德伦一直盼望与日本人决战。前一天晚上，他给妻子和女儿留下了遗书："倘若我战死，你们应明白我是为此次海战中的最高目标——击沉敌舰而献身！"此时，后退等于临阵退逃。沃尔德伦心一沉，命令部下："我希望大家竭力去摧毁我们的敌人，即使只剩一架飞机，也应冲上去击沉敌舰。如果有胆小的，可退出战斗。"说完，他摇动一下机翼，向同伴们致以最后的敬意，第一个向敌舰扑去，其余 14 架飞机亦义无反顾，紧跟着他冲了下来。

沃尔德伦的话不幸而言中。他的中队真的只剩下一架飞机冲进了敌阵，那就是乔治·盖伊少尉的飞机。盖伊相貌堂堂，口齿伶俐，风度极佳。他当飞行员之前是农业机械学校的学生，今天是他有生以来第一次用飞机运载鱼雷。但是，他同中队所有的年轻人一样，对沃尔德伦非常尊敬，乐意跟着他的中队长去任何地方，哪怕那里是地狱。

鱼雷机队没费什么事就找到了海上那一大片目标，盖伊急切地盼望着中队长快快下令进攻。而沃尔德伦想得更多，他知道自己孤单的中队无法完成歼灭南云部队的任务，甚至可能没人能够生还。因此，他抓紧宝贵的几秒钟把敌人舰队的位置编成电报告知斯普鲁恩斯，以便其他飞机能全歼日本人的航空母舰。可惜由于距离太远，加上飞机飞得太低，斯普鲁恩斯没有收到电报。随即，沃尔德伦晃晃机翼，示意大伙随他冲锋。

海面上的南云部队紧张得要命，航空母舰甲板上的水兵全都屏住呼吸，看着几十架"零"

式战斗机紧急起飞。有些飞机加油、装弹尚未完毕，就匆忙拔下油管飞出了跑道。

渊田瞪大眼睛盯着右前方略高于水平线的蔚蓝色天空，那里出现了一些小黑点。上去了，一大群"零"式机晃动着闪闪发亮的机翼迅速迫近来犯的敌机。他们想在敌机尚未接近航空母舰之前，就把它们全部击落。对付这些没有战斗机掩护的鱼雷机，"零"式战斗机游刃有余，何况在数量上，"零"式战斗机也占有绝对优势。

时而有一个小黑点爆出火光，又一个小黑点成了一道黑烟，一直拖到海面上。鱼雷机越来越近，可它们的数量也越来越少。刚刚还万分紧张的"赤城"号上的人员变得高兴起来。瞭望哨欣喜若狂地大声报告战斗进展："还剩下5架了……只有3架了……1架，1架！"

最后这个瞭望哨大吼一声："全部击落！"

渊田松了口气，"零"式战斗机今天的表现实在出色，只要有它们在，美军舰队休想伤害航空母舰。

几分钟一晃即逝，可对于盖伊来说宛如一生的浓缩，他永远也忘不了那惨烈的瞬间。15架鱼雷机离航空母舰还很远，就被"零"式机冲得七零八落。无线电中传来沃尔德伦急促的喊声："突进去，当心战斗机！"

周围机枪子弹像飞蝗似的乱窜，盖伊看见中队长的左油箱燃起了烈焰，火苗立即笼罩了驾驶舱。盖伊的飞机从旁边掠过时，沃尔德伦拼命想跳出来，但来不及了，一个浪头打在飞机的起落架上，沃尔德伦和他的飞机葬身大海。

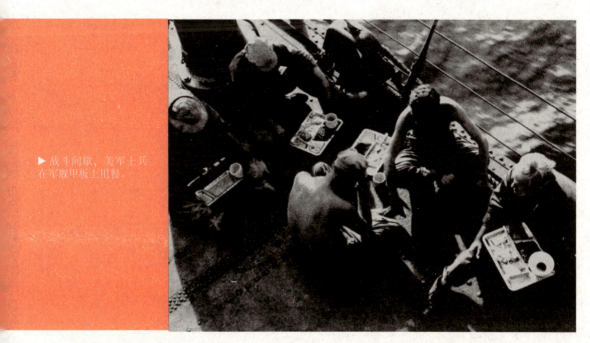

▶ 战斗间歇，美军士兵在军舰甲板上用餐。

又一架鱼雷机坠海了，接着又是一架。转眼间盖伊成了唯一的幸存者，他飞机上的其他乘员也被打死了。盖伊想起了中队长关于最后一架也要攻击的命令，他急速拉起飞机，跃过下面驱逐舰的高射炮弹幕，然后朝着一艘像是"苍龙"号的航空母舰冲去，并发射了一颗鱼雷。这是全部鱼雷机唯一发射的鱼雷，很可惜，它从航空母舰的旁边擦了过去。盖伊根本没把舰上的对空炮火放在眼里，他对准舰首的一门正在射击的高射炮按下了机枪按钮。没有响声，机枪卡壳了。

盖伊的飞机在靠近舰桥的地方猛地拉了起来，他最后看到的是甲板上乱七八糟的输油管和正在加油装弹的飞机。盖伊的飞机刚刚脱离目标，5架"零"式战斗机成直线向他扑了过来。日本人决心要把这唯一的漏网之鱼吃掉。一架"零"式机击毁了盖伊的方向舵，另一架打断了他的机翼。鱼雷机像石头似的垂直向下栽去，但盖伊及时跳出了飞机，并随手抓起了一个装有橡皮救生筏的袋子，还有一只黑色橡皮坐垫。这个无意中带上的坐垫救了他的命。盖伊泡在海水里，头上顶着坐垫，一直藏到日本军舰驶离了他的视线，才钻出来把救生筏充上气。盖伊一直漂到第二天，才被一架中途岛的水上巡逻机发现救了起来。

盖伊回去后才知道，原来他们中队的上空有一批自己的战斗机。那是詹姆斯·格雷上尉的"企业"号的10架战斗机。格雷的中队受命为"企业"号上的鱼雷机中队护航，但是由于战斗机太快，鱼雷机太慢，所以格雷的战斗机只有在鱼雷机上空来回地飞"S"形，才能让鱼雷机留在自己的视野里。几个"S"形飞下来，格雷下面的鱼雷机不见了，他连忙率领中队四处寻找。还好，前面似乎就是。但这却是"大黄蜂"号的鱼雷机中队，也就是沃尔德伦和盖伊他们的鱼雷机。反正都是自己的飞机，而且也是极需掩护的鱼雷机，格雷继续飞着"S"形，可是他未通知下面的沃尔德伦，致使沃尔德伦完全未曾想到有必要协同一下就冲向了敌人。

也不知道怎么搞的，就在沃尔德伦的15架鱼雷机临近南云部队时，格雷又一次弄丢了鱼雷机。等他再次赶到时，几十架"零"式战斗机已向沃尔德伦展开了猛攻。据格雷事后解释，他帮不了忙，因为"零"式机几乎是在眨眼间就击落了全部鱼雷机。是不是真是这样，盖伊始终不相信，他至死都对格雷耿耿于怀。如果格雷的战斗机中队勇敢一些，他的中队长也许会活着回来，至少全中队几十个人不会仅剩下自己一人。

不管真相如何，反正格雷的10架战斗机一直未积极参战。先后弄丢了两批鱼雷机后，格雷认为自己战斗机上的机枪反正无法对敌人的航空母舰造成损害，倒不如用来进行侦察飞行的好。于是他躲躲闪闪地在这一空域一直飞到油量表的指针下降到危险点，尔后率领10架战斗机安全返回"企业"号。据双方当时的作战记录，无论是日本人还是美国的其他飞机，谁也没有发现有10架战斗机在战场上空。而格雷的报告中却说，他的中队始终处于

▲ 一名美国海军新兵在舰上用望远镜观察远方

目标上空，直到 7 时左右才返航。也许是格雷的中队太善于隐蔽了，所以既没有被敌人发现，也没有被自己人发现。可是，斯普鲁恩斯要的不是躲避，而是攻击，哪怕仅仅缠住一部分"零"式战斗机，也会对其他鱼雷机和俯冲轰炸机的进攻帮很大的忙。

第一批来犯的鱼雷机被击落后，空中的"零"式机除一部分滞留空中进行战斗警戒之外，其他的掉头寻找各自的航空母舰，准备加油装弹。还未等它们落下，6 时 38 分，"赤城"号舰桥上的瞭望哨又喊了起来："敌鱼雷机，右舷 30 度，低空接近。"

接着，舰首左舷的瞭望哨也叫道："敌鱼雷机，左舷 40 度，正在迫近！"

来者正是被格雷弄丢了的"企业"号上的 14 架鱼雷机。中队长尤金·林赛少校手下的飞行员要比沃尔德伦的毛头小伙子强多了，他们参加过马绍尔群岛、威克岛的多次战斗。就是刚调入中队的飞行员的飞行时间也在 2,500 小时上下，而且大部分时间驾驶的是鱼雷机。

6 时 50 分，林赛把全部飞机分为两支，冲向"加贺"号航空母舰。但是，"零"式战斗机的攻击太凌厉了，鱼雷机尚未接近到能发射鱼雷的距离，就有半数从队形中消失了，其中一架飞机上悬挂的鱼雷被一串子弹击中，当即火光一闪，连同飞机一起炸了个粉碎。只有 4 架飞机发射了鱼雷，但都被"加贺"号巧妙地躲了过去。其实，有些鱼雷根本就不用躲，那些美国飞行员为了躲避"零"式战斗机追杀，完全是在慌乱中投下鱼雷的。艾伯特·温切尔的飞机就是其中的一架。

温切尔明知离目标太远，还是把鱼雷放了出去，因为他已经没有机会拉起俯冲重新发动攻击了。"零"式战斗机咬得那么紧，简直就像贴在身上一样，子弹呼啸着从两旁掠过，机身不时发出阵阵颤抖，肯定是中弹了。

好在"零"式战斗机已经不像前几场战斗那样穷追不舍了。几个小时连续不断的空战，已经使"零"式战斗机的驾驶员们感到疲于应付了。虽然油料还剩不少，他们却一个个飞回航空母舰，乘补充弹药的短暂间歇，喘口气休息一下，然后在地勤人员的祝贺和鼓励声中，再次爬进机舱起飞。就这样周而复始、循环往还，许多驾驶员已经记不清自己是第几次升空了。

日本人虽然不追了，可温切尔和他的机枪手又卷入另一场战斗。他们还没有飞离战场，油箱里的油就哗哗地往外淌，发动机也不转了。他们被迫降落在海面上，并抢出了救生筏、应急口粮、急救包和降落伞。这些东西哪个都是救命的宝贝。

他们就这样在海上漂了几天。偶尔有飞机从远处嗡嗡飞过，温切尔就站起身又喊又叫，摇动着身边最显眼的东西。但是，离得太远，飞机不可能看见茫茫大海上的小小救生筏。

"好哇，你们这帮混蛋！下次在军官俱乐部碰见，休想再让我请你们喝酒。"每当飞机的黑点消逝后，温切尔总是挥动拳头破口大骂，似乎他一定可以活着回去。应急口粮吃完了，他们就捞水中的小鱼吃。温切尔甚至用铝制的船桨击落了一只好奇地跟了他们一天的信天翁。

大约到第 12 天，一艘日本潜艇发现了他们。潜艇绕着他们兜圈子，上面的日本军官把他们打量了一番。尽管温切尔此时饿得直想当俘虏，可日本人还是撇下他们离开了。温切尔的同伴悻悻地自我解嘲道："日本人并不坏，至少没有向我们开枪。"

"放他妈的狗屁，他们是想让我们受尽折磨之后再死。"温切尔有气无力地骂了一句。一直熬到第 17 天，中途岛的一架巡逻机搭救了他们。事后温切尔才知道，与他一同出发的 14 架鱼雷机中，只有 4 架返回了"企业"号，其中一架因受伤太重无法再用，被推下大海。至于他们的中队长林赛少校，谁也说不出他的下落。

"零"式战斗机不去穷追残敌是明智之举。7 时整，也就是上一场战斗刚刚结束两分钟后，第三批美国鱼雷机赶到了战场上空。这是最晚起飞的"约克城"号上的飞机，它们来的正是时候。与前两批"大黄蜂"号和"企业"号的鱼雷机不同，"约克城"号的 12 架鱼雷机有 6 架战斗机掩护。

整个 6 月 5 日的空战中，只有这一次美国的战斗机参加了战斗。起初，美国的战斗机确曾吸引了几架"零"式战斗机的注意，也没有全军覆没。除了一架被击落，另一架受伤返回时摔在"约克城"号的甲板上之外，其他 4 架安全返回。不过，这并不是因为飞行员的格斗技术高超，而是由于"零"式战斗机撇开它们去对付正在冲向航空母舰的鱼雷机。

▼ 中途岛海战中，"大黄蜂"号航母上的鱼雷轰炸机第 8 中队队员合影。他们中只有一人幸存，就是前排左起第 4 人的盖伊少尉。

▲ 美军飞机正在轰炸日军补给舰队。

7时10分，"苍龙"号上的藤田正想抓紧时间吃两口饭，从早上到现在，连续作战的他还未曾吃过一点东西。凄厉的警报声中，连机舱也未出的藤田塞了一口饭团，就又与其他两架"零"式战斗机起飞迎战了。他们是"苍龙"号上唯一能立即起飞的3架战斗机。藤田升空后马上遭到美国战斗机的纠缠，但他不顾敌人战斗机的火力，径直扑向鱼雷机队，并击落了其中的两架。当他再度准备攻击时，又有不少"零"式战斗机参加围歼。藤田的飞机不幸被己方的高炮火力击中起火。由于距海面太近，降落伞在他落入水中的瞬间才打开，像渔网一样把他罩在水中，他挣扎了许久才拣了一条命。

藤田落水后，大约20架"零"式战斗机怒吼着集中攻击美国鱼雷机。中队长兰斯·梅西少校的长机顿时成为众矢之的。虽说梅西是美国海军里最有作战经验的鱼雷机驾驶员之一，但也架不住"零"式战斗机的猛烈进攻。他未能飞越由驱逐舰组成的外围防线就首先遇难。僚机驾驶员最后看见他时，他已经从烈焰升起的座舱爬到了残破的机翼上，身上的火苗被空中的疾风吹成了一个火把。还有6架鱼雷机也同梅西一样，尚未到达投掷鱼雷的有效距离时就被击落了。日军航空母舰上站满了等待起飞，去攻击敌舰的轰炸机飞行员。

"零"式战斗机锐不可当的进攻刺激得他们欣喜若狂，每当一架鱼雷机掉入大海，甲板上的人们就吹着口哨表示庆贺。

只有5架鱼雷机接近了目标。分队长威廉·埃斯德斯一马当先，对着"赤城"号冲去。

"赤城"号上的日本人都等着鱼雷溅水而来。可奇怪的是埃斯德斯和他的分队没有投雷，他们在最后时刻撇开"赤城"号，贴着舰桥呼啸而过。南云中将和周围的幕僚们下意识地缩了缩脖子，随即转过目光追寻鱼雷机。啊！美国佬是去攻击"飞龙"号。只见低飞的鱼雷机晃动一下，5颗鱼雷在海面上激起5朵浪花，拖着白色的航迹冲向"飞龙"号。

"飞龙"号舰长加贺止男大佐死中求生，一连串口令喊出去，庞大的航空母舰像驯服的马驹似地猛向右舷急转，让过了舰首的3颗鱼雷。另外2颗鱼雷划破海面，从距舰尾很近的地方疾驶而过。投下鱼雷后，5架鱼雷机拼命爬高，想逃离死地。但只有2架摆脱了"零"式机的追逐，其中埃斯德斯的飞机已经看见了"约克城"号，可最终还是溅落海上。

看着空中精彩纷呈的战斗，南云真为手下的飞行员们自豪。照这样打下去，把敌人的飞机全部消灭，然后毫无后顾之忧地全面反击美国舰队。到那时，除了会遇见几架讨厌的战斗机外，空中英雄将所向无敌。

由于肺炎发烧的航空参谋源田实中佐从凌晨到现在一直坚持在"赤城"号的舰桥上，为南云出谋划策。作为偷袭珍珠港计划的制订者和参战者，他把先发制人的进攻原则视为航空母舰作战中制胜的天条。可几个小时的防空战斗的事实，使源田对防御性的空战产生了信心。算算看吧，先是中途岛岸基飞机的数次来犯，后是美国舰载飞机的连续攻击，有哪个不是损兵折将，说是片甲不归也不过分，而我们的舰队毫发未损！

"看来，我对机动部队能否抗得住空中袭击的担心是过多了。现在我看到它巨大的威力了。"

想着想着，源田喜不自禁地对草鹿说道："我们最好先吃光敌人的空中力量，再收拾敌航空母舰。扫荡了敌海上兵力后，从今天午夜起至明天上午再向中途岛发起毁灭性的攻击。"

至此，从3艘美航空母舰出动的共41架鱼雷机，只有6架得以生还。更可悲的是，美机所投鱼雷竟无一命中敌人的航空母舰。南云舰队安然无恙。

南云传令把已装好鱼雷的飞机升到飞行甲板上，各舰队逆风航行，准备起飞。只要再有5分钟，日机即可腾空对美舰队实施毁灭性打击。

5分钟！对日本人来说，再也没有比这5分钟更宝贵的了。从随即发生的惨剧来看，再也没有比这5分钟更可怕的了。在这短暂的5分钟内，日本海军350年来最大的悲剧发生了。

第七章

致命一击

　　南云忠一站在驾驶台上，简直不敢相信面前的一切是真实的，眼泪顿时夺眶而出。参谋长草鹿龙之介恳求道："长官，我们大多数军舰完好无损，您必须振作起来，承担起指挥的责任。"……侥幸活下来的"赤城"号参谋长草鹿龙之介在《联合舰队》一书中记述他当时的心境："我乘的'赤城'号已陷入在黑烟和火焰之中，'加贺'号和'苍龙'号也同样在喷着黑烟。那个时候，坦率地说，我想我已到了生命的尽头。我有什么脸面去见祖国的山河、7,000万国民呢？这个想法掠过我脑际。"

No.1 改变命运的5分钟

大约7时20分，对美国最后一批舰载鱼雷机的空战结束了。在整个防空作战的过程中，南云的4艘航空母舰一刻也没有停止反击的准备工作。一架架飞机在下层机库甲板上完成了弹药换装，并迅速提升到上层的飞行甲板，排好了起飞队形。

7时20分，看到各舰的反击准备基本就绪，南云遂传出号令："准备起飞。"

庞大的航空母舰转向逆风，攻击队的102架飞机开始发动。机群喷出的强大气流吹得站在旁边的官兵们站立不稳，机舱里的飞行员作出胜利的手势，微笑着向舰上的人们告别。

7时24分，"赤城"号舰桥的扩音器中传出起飞命令。担任护航任务的第一架"零"式战斗机轰鸣着飞离甲板。只要5分钟，攻击机群的全部飞机就可以升向空中。

"俯冲轰炸机！"瞭望哨的狂呼竟然压过了甲板上机群的巨大吼声。

正在欣赏攻击机群展翅起飞的渊田猛抬头，只见3架黑色轰炸机的身影急剧变大，几乎是垂直地俯冲下来，凄厉的尖啸声就像铁片划破玻璃似的撕裂着人的神经。

"炸弹！"许多黑色的圆柱体从机翼下摇晃着直落下来，渊田本能地卧倒在指挥所的防弹护板后面。先是刺眼的闪光，跟着就是巨大的爆炸声。渊田被炽热的气浪掀了个跟头，头脑里"嗡嗡"作响，一片茫然。"赤城"号上的高射炮顿时哑了，全舰死寂无声。几秒钟后，下层机库里发出几声沉闷的响声，那是刚刚换下、还来不及收进弹药库的炸弹在连锁爆炸。

渊田爬起来望望天空，俯冲轰炸机的黑影已经消失了，再看看四周，他不禁毛骨悚然。"赤城"号中部升降机后面裂开了一个大洞，升降机像块烧焦了的煎饼，卷曲着塌进机库。刚才还阵容严整的机群已面目全非，有的尾部翘向空中，机体里伸出青蓝色的火舌。有的机体分裂，被烧炸的子弹四下横飞。即使有几架完好的飞机也成了没用的废物，因为飞行甲板已经成了奇形怪状的东西。大火发出"呼呼"的叫声，日本兵在大火中奔跑呼叫，火焰迅速向舰桥燃烧。每一次诱发的爆炸都震撼着甲板上的上层建筑，浓烟从熊熊燃烧的机库直灌全舰各处。

侥幸生还的渊田后来回忆说：

我首先是听到俯冲轰炸机撕人肺腑的尖叫，然后是一颗直接命中的炸弹的巨响，闪光令人目眩，接着又是一声，比第一次更响。一股炽热的气浪冲击着我。接着又是一次震荡，但并不怎么猛烈，显然是一颗近失弹。随后是一阵令人惊奇的寂静，炮火的射击声突然停止了。我站起来望了一下天空，敌机已不见踪影……几秒钟内造成的破坏使我感到恐惧。舰中央升降机后面的飞行甲板被炸了一个大洞。升降机本身扭曲得像熔化的玻璃，掉到了机库里，铁甲卷成奇形怪状。甲板上的飞机翘起了尾巴，喷着青色的火舌，吐着黑烟。当我看着火势蔓延的时候，不由得泪流满面，害怕大火引起爆炸断送这条航空母舰。

"赤城"号上的炸弹、鱼雷连续爆炸，飞行甲板上一片惨不忍睹的景象，救护队的救火人员在炽热的气浪面前束手无策。剧烈燃烧的火球将飞机库变成了一座呼呼燃烧的大高炉，大火将舰体完全包围。

面对瞬间的变化，南云惊得目瞪口呆，好半天才缓过神来。他在火焰中暴叫不止："镇静，继续战斗，坚持战斗！"

"完了，'赤城'号完了！"渊田呆若木鸡，脸上流淌着滚滚热泪。

首先给南云带来灾难的是"企业"号的俯冲轰炸机队，带队的是克拉伦斯·麦克拉斯基少校。他除了指挥自己的中队之外，还指挥加拉赫上尉和贝斯特上尉的两个中队，一共有33架轰炸机。

麦克拉斯基的机群是最先出发的一批飞机，但却最后到达战场。4时45分离开舰队后，麦克拉斯基在6,000米高空飞了1个小时又35分钟，6时20分，他们到达了预定截击地点。可向下望去，只有浩瀚无垠的大海，日本机动部队并不在这里。原来，南云部队自决心进攻突然出现的美国舰队后，为了避免东南面中途岛上飞机的攻击和干扰，已经转向北面行驶。可是，麦克拉斯基并不知道南云的新方位，他面临向哪个方向搜寻的重大抉择。一旦判断失误，他的机群就会白跑一趟，因为他们的飞机已经消耗了大量油料，所剩油料只能再维持15分钟的搜索，届时再不返航，他们就只能迫降在大海上。

时间刻不容缓，麦克拉斯基迅速看了一眼标图板，决心背对中途岛，向西北方向搜索。事后，尼米兹称赞这个决定是"这次战役中最重要的决定，产生了决定性的后果"。

俯冲轰炸机群向西北飞了大约7分钟，还是什么也没发现。麦克拉斯基开始怀疑自己的判断有误。突然，下面波光粼粼的湛蓝色海面上，出现了一道军舰驶过后留下的长长的白色航迹。麦克拉斯基急忙抓起望远镜，顺着这条航迹向前观察，发现了一艘向北疾驶的军舰。

这个糊里糊涂当了美军"向导"的舰艇正是南云第1机动部队的"岚"号驱逐舰。它是为了对付一艘美国潜艇而掉了队，此刻正急匆匆地追赶大部队。"岚"号驱逐舰上的人们做梦也没想到，承担保护航空母舰职责的自己，竟然引狼入室，成了敌人轰炸机的导航舰。

麦克拉斯基想得很对，既然下面这位舰长如此行色匆匆，一定是想赶上其他船只，因此，麦克拉斯基也把航向由西北改为正北，并晃晃机翼，招呼机群尾随那艘军舰。此时正是7时，也就是最后一批鱼雷机向南云的航空母舰发起攻击的时刻。

▶日军航母被击中后，燃起大火。

　　机群在高空悄悄地跟踪，下面的驱逐舰毫无觉察。但是，有几架轰炸机的油表开始闪烁出红色的亮光，警告飞行员油料告急。两架轰炸机只好掉头向南飞去，其中一架失踪，另一架的机组人员3天后才被中途岛的巡逻机从海上救起。

　　7时10分，麦克拉斯基透过云层空隙看见了海上的航空母舰编队。机群开始降低高度，稍后即下降到4,500米左右。机会太好了！这正是斯普鲁恩斯千方百计要捕捉的最佳战机：航空母舰的飞行甲板上排满了等待起飞的飞机，大多数"零"式战斗机正在或已经返回航空母舰加油，空中仅有为数不多的几架"零"式战斗机在飞翔，而且都在低空。

　　这种绝佳战机之所以出现，完全得归功于鱼雷机驾驶员的自我牺牲。正是由于他们接二连三地奋勇攻击，才使得南云部队整个上午都在疲于奔命，迟迟不能把他们强大的攻击机队撤出去散布死亡。现在它们全在舰上，只要攻击成功，它们将与它们的载体——航空母舰一起毁灭。换句话说，日本人将因此而丧失还手能力。

　　麦克拉斯基尤其要感谢来自"约克城"号的鱼雷机的最后一次攻击。就在麦克拉斯基飞临战场上空的时候，梅西的鱼雷机队已把令人生畏的"零"式战斗机引向了低空，从而使麦克拉斯基的俯冲轰炸机能够毫无遮拦地杀向航空母舰。

　　此外，麦克拉斯基还应庆幸，日本人尚未来得及把那个名叫"雷达"的东西用于实战，尽管他们刚刚研制出这个新玩意儿。如果日本人也像美军一样装备了雷达的话，他们就不会仅凭瞭望哨的眼睛来搜寻辽阔的海天世界，雷达会使他们早早地发现云层上悄悄迫近的美国飞机。那样一来，麦克拉斯基的机群一定会成为"零"式战斗机的最后一道甜点。因为，日本"零"式战斗机驾驶员的格斗水平太高了，迄今为止，他们还从未失过手。

　　沃尔德伦、林赛、梅西以及他们年轻的同伴们，用自己的生命培育了唯一一颗熟透了的红苹果。现在，轮到麦克拉斯基来摘取它了。

7时24分刚过，麦克拉斯基拉下脸上的氧气口罩，第一次打破无线电静默，下令各中队选择目标发起攻击。处于最下方的贝斯特中队刚刚开始俯冲，就发现麦克拉斯基已像一支利箭一样，从他们身边射了下去。

画在飞行甲板上的大红团——就像日本的国旗——直径足有15米，俯冲轰炸机瞄准这个醒目的"太阳"直插下去。贝斯特率领的5架俯冲轰炸机命中了"赤城"号。他们在762米高度投下了每颗重达450千克的大炸弹，其中直接命中两颗，使"赤城"号顿时就变成了人间地狱。

正在甲板上观看作战的源田迅速钻进隐蔽物背后，一个巨大的爆炸声响了，紧接着耳边传来舰身炸裂的声音。一声紧连一声，耀眼的炸弹闪光从缝隙中射入眼帘，热烘烘的弹片冲击波从身上擦过。

一阵阵巨响之后恢复了片刻的寂静。

源田转动头部仰望天空，美军轰炸机已经不见踪影。"大概只有3架。"源田一边这样想，一边抬起身来看看受害的程度：甲板中部升降机近侧被炸开一个大窟窿，升降机倒在飞机

▼执行任务的美军轰炸机群编队正在飞行。

库附近。舰身后部也中弹了，舰尾部分甲板已经隆起，一架零式战斗机仰在那里熊熊燃烧。

　　受害最惨的是飞机旁边的地勤人员。这些人肢体断裂，胳膊、腿、内脏等乱七八糟横列在甲板四处。方才还在紧张工作的人们，现在已经变成大小不一的零碎肉块，这种不寻常的光景谁见了都会浑身打颤。

　　说时迟那时快，令人生畏的诱发爆炸开始了。

　　飞行甲板上停放着的已经发动引擎的机群开始起火，很快就成为火海。飞机上的燃料、鱼雷、炸弹，一旦引火，就像活了的生物一样，一瞬间跳了起来，发出巨大声响。一架又一架的飞机在自燃爆炸声中化为碎碴，引燃甲板上流淌着的汽油。火势由甲板向舰桥延伸。

　　最要命的是甲板下面飞机库的大爆炸。飞机库内放有 0.3 秒信管的几百公斤炸弹。随着被引爆后的巨大轰响，"赤城"号舰身断裂，开始下沉。

　　飞机库在爆炸，飞机在爆炸，鱼雷和炸弹一个接一个地在爆炸。

　　每发出一次巨响，"赤城"号舰体就剧烈地晃动一下。

　　"已经完蛋了！"源田中佐在彻底绝望心情的支配下，听凭命运的摆布。

　　侥幸活下来的"赤城"号参谋长草鹿龙之介在《联合舰队》一书中记述他当时的心境：

▼ 美军 3 架"复仇者"式轰炸机正飞往预定海域执行作战任务。

　　"我乘的'赤城'号已陷入在黑烟和火焰之中，'加贺'号和'苍龙'号也同样在喷着黑烟。那个时候，坦率地说，我想我已到了生命的尽头。我有什么脸面去见祖国的山河、7,000万国民呢？这个想法掠过我脑际。"

　　实际情况是，美军轰炸机投下的3颗炸弹中只有两颗命中。位于"赤城"号附近的"筑摩"号和"利根"号军舰察觉到的时候已来不及采取措施，眼睁睁地看着惨剧上演。

　　美机投下的第一颗炸弹擦过"赤城"号左舷前部，在距离舰体2米的地方落入海里爆炸。飞落而下时切断了"赤城"号的无线电天线。爆炸掀起的巨大水柱，高过舰桥两倍，直扑舰上人群，舰身剧烈摇动。

　　第二颗炸弹命中位于舰体中部的升降机位置。弹头笔直贯穿甲板，在飞机库内爆炸。

　　第三颗炸弹命中舰尾，彻底摧毁了正要升空作战的机群，毁坏了舰舵。

　　瞬间突发的灾难，使还活着的水兵不知采取什么自救措施为好。人们从各自岗位上逃离出来，涌入底仓避难。底仓通风孔灌入的浓烟又逼迫他们往外钻，楼梯踏板和扶手的钢板、钢管被烈火烧得通红，肉体一挨就焦。纷乱之中许多水兵窒息死亡。

　　10时左右，"赤城"号全面丧失了作战能力和指挥机能。对外界的通信系统也已中断。南云虽然在继续指挥，但面色惨白，手脚慌乱。参谋长草鹿海军少将建议把旗舰上的司令旗转移到附近"长良"号巡洋舰上，因为"赤城"号有沉没的危险。南云不情愿地同意了。由于鱼雷不断地爆炸，火药库全部起火了，整个机动室和指挥台变成一片浓烟大火。

　　草鹿劝说南云赶快离开。南云瞪着眼睛，慷慨地说："我是指挥官，我是帝国军人，不能离开战斗岗位。舰在我在，舰亡我亡！"

　　草鹿再三恳求说："大部分军舰完好无损，还要继续战斗下去。如果南云将军与'赤城号'同时阵亡，整个舰队将失去指挥作战能力，结果不堪设想，请将军以大局为重，目前没有任何选择，必须立即行动，转移才是上策。"

　　南云将军不忍心离开心爱的旗舰，尤其是不愿舍弃在战斗中与自己同甘共苦的官兵。青木舰长也跑上前来，含泪表示："长官，请你赶快转移吧。我是舰长，由我来关照军舰，请你放心好了！"

　　下级官兵们前来报告说，通道已经完全起火，逃出去的唯一办法是从舰桥前窗吊下一条绳子，然后从左舷过道绕到抛锚甲板上。"长良"号派来的汽艇正在抛锚甲板底下守候，南云可以扶着绳梯下去，越快越好。

　　10时46分，南云这个为日本军国主义扩张政策在海洋上驰骋作战30余年的帝国骁将，这时不得不勉强地点点头，在美军"野猫式"轰炸机弹落如雨的打击下，垂头丧气地爬上舰桥的窗口，抓住一根缆绳，仓皇逃命了。

紧跟在南云身后的草鹿，用的是另外一根缆绳，他又胖又不灵活，一把没有抓住，重重地摔在甲板上，两只脚都扭伤了。当时，他却一点儿都不知道。弹药正在爆炸，子弹横飞。

11时30分，"长良"号放下软梯，南云和参谋爬上舰去。接着，"赤城"号上的全体伤员也转移到"长良"号巡洋舰上。不多时，巡洋舰开动了，桅杆上飘扬着南云的将旗。

"赤城"号上的日本水兵们奋不顾身地扑灭大火，但因火势太大，化学灭火机也不起作用了，不少官兵在大火中被活活烧死。伤亡越来越大，

▲ 美军机务人员正在往飞机上装弹。

火势无法控制，舰体已经开始倾斜。傍晚时分，青木舰长决定弃舰，将伤员转移到掩护的驱逐舰派来的汽艇上。火势太凶，不少人等不及救援，只好往海里跳。青木舰长给南云拍电，请求批准将被毁的航空母舰炸沉。南云不敢做主，又将电文转拍给联合舰队旗舰"大和"号。山本收到请示电后，痛心疾首，仰天长叹，显露出无可挽救的悲痛。"赤城"号是此次远征中最优秀的一艘母舰，出师未捷，它第一个遭到可悲的命运。在残酷的现实面前，山本无可奈何，但又实在不忍心，他立即吩咐回电："暂缓处置，奋力挽救。"

青木舰长接到命令后，复又返回"赤城"号上。他完全清楚，挽救是不可能了。为了效忠帝国，他来到没有被大火波及的抛锚甲板上，把自己的身子绑在锚索上，静待与母舰同归于尽。

天近傍晚，海上鏖战一刻也没有停止。美国飞机不顾坠毁的危险，继续轮番轰炸，加上发现敌舰上的炮火减弱，轰炸得越发疯狂了。"赤城"号附近的两艘巡洋舰相继受重伤。四下里炸弹的水柱，喷泉般地向上冲，海空混搅，天昏地暗。山本下令暂缓处置"赤城"号，是因为他的舰队正在向东推进，急于要为南云的舰队解围，准备打一场夜战。不料，他的主力舰队行至途中，就遭到美国飞机的疯狂阻击。"泥菩萨过河，自身难保"，并且他获悉，南云的机动舰队遭到沉重打击，有全军覆没的危险。

6月5日凌晨，山本终于忍痛下达了炸沉"赤城"号航空母舰的命令。南云将军收到命令后，吩咐邻近的4艘驱逐舰向"赤城"号发射鱼雷，并敦劝青木舰长放弃与舰共存亡

◀日本"赤城"号航母被美军飞机击中起火。

的决心，最后派人前去生拉硬扯地把青木舰长从大火中拖出来。青木未能与舰同归于尽，痛心得顿足捶胸，又哭又喊。

20分钟内，附近的4艘驱逐舰同时向"赤城"号发射鱼雷。美国俯冲轰炸机趁火打劫，也前来补炸。登时，这艘作为强大帝国海军象征的第一流航空母舰，在中途岛海战才打响的第一天，就在太平洋里安息了。

"加贺"号的命运更糟糕。麦克拉斯基和加拉赫的25架飞机接二连三地向下俯冲。"加贺"号飞行长天谷孝久中佐顺着刺耳的尖啸声向上望去，正对着的阳光刺得他眼睛都睁不开。美国人的战术很高明，他们顺着阳光俯冲，下面的高射炮手因阳光刺眼，看不清目标，只好凭感觉盲目发射炮弹。

"加贺"号通信参谋三屋静水少佐正巧站在飞行甲板上，令人魂飞魄散的呼啸声仿佛就在耳边。他就地一个卧倒，双手护住头部，双肘将胸部垫起，以免爆炸产生的强烈震动震坏了自己的内脏。

第一批3颗炸弹炸偏了，爆炸激起的水柱像瀑布似的倾泻到甲板上。三屋全身被浇得透湿，几个水兵被掀向舷侧，翻入大海。第4颗炸弹在右舷排列整齐的飞机中开了花，霎时间，飞行甲板上一片火海。那些飞机全都加满了油，装满了弹，它们七倒八歪，喷着烈火。飞机上的驾驶员根本就来不及反应，就化作了灰烟。

接着落下的两颗炸弹均未中的。"加贺"号舰长冈田次作大佐站在舰桥上，直愣愣地望着天空，口中喃喃自语："我要与军舰共存亡。"

第7颗炸弹直接掉进升降机井里，在机库甲板的飞机中爆炸。第8颗炸弹炸中了舰桥边的一辆加油车，油料带着火光四下飞溅，整个舰桥和四周的甲板区全被烈焰紧紧裹住。冈田大佐和指挥中枢的其他人员都当场阵亡。命中该舰的第 4 颗，也是最后一颗炸弹，正好落在军舰中段的左舷处。"加贺"号开始倾斜。舰上的电力、动力系统全部中断。甲板上到处都是大火，几乎找不到一处可以躲避的地方。水兵们只好像下饺子似地往海里跳，以免被活活烧死。通往下层的通道全被大火封闭，舰上的大部分乘员被封在下面。

尽管消防队员拼死努力想挽救军舰，但火势根本无法控制，航空母舰被烧得仅剩下一个躯壳。9 个小时后的 16 时 25 分，当暮色笼罩着中太平洋的时候，"加贺"号发出两声爆炸的巨响后，变成一堆支离破碎的燃烧的废铁壳，很快就沉没了。舰上 2,000 多名官兵，有 2/3 被救出，另有 800 多名官兵死也不肯离舰。5 万吨级航空母舰"加贺"号是联合舰队的精锐，官兵们实在不忍离去，在一片悲惨的"军神护佑，武运长久……"的歌声中，他们与母舰一起魂归大海，殉葬于阴森的水下墓地。

当时年仅 18 岁的水兵西园森次，是"加贺"号航母上九死一生的幸存者，他这样回忆起当时的经历：

那天，我在 25 毫米机枪哨位上监视上空。黎明前后，从中途岛飞来的美军歼击机纷纷被我军击落，我们看着非常兴奋，鼓掌欢呼。那些 B－17 型美机，由于太高，我们打不着，只能注意监视动向。突然，完全是突然，随着"注意上空"的命令声，我就感到一股不可抗拒的冲击力向我袭来，马上意识不清了，眼前一片昏暗。

被战友抱起来后，我开始清醒。甲板在燃烧着，空战可能还在进行。我的前额受重伤，仍然坚持射击。不知是枪坏了还是怎么的，我只能一枪一枪地射击，不能连射。这时，军舰已经停止移动，周围海面上的战舰和驱逐舰都在做"之"字形运动，躲避敌舰袭击。"赤城"号在附近的洋面上冒着黑烟。

当发出撤离军舰的命令时，海里已经漂浮着许多人头，有被暴风掀落水里的，有被火焰逼下海的；为了活命，争相跳海的也不少……我从火海里冲出来，顺着吊梯滑入海里，再拼命挣扎浮出海面，看到无数人头时隐时现，都在海中翻滚挣扎。最初，我抓住一块木板，后来木板不知怎么不见了，我只有无目标地游动，嘴里灌了不少海水……幸亏"加贺"号附近有两艘驱逐舰赶来救援，我登上舰上放下来的救生船，九死一生。被救上来的人身上充满烧焦的臭味，这是一种非同一般的臭气。

两艘航空母舰在转眼之间就完蛋了。

▲ 美军轰炸机投下的炸弹在日军航母周围爆炸。

　　山本将军在他的旗舰上听到两艘主力航空母舰遭到惨败和覆没的消息时，肝胆俱裂。他悲愤交织，决心挽回败局，瞪着眼睛大声喊道："赶快发报。我命令，角田觉治海军少将火速调来'龙骧'号，投入中途岛战斗！"

　　几乎在同一时间，位于"赤城"号北边一点儿的"苍龙"号航空母舰，仅仅晚了不到一分钟，也被3颗炸弹直接命中。不过，这不是麦克拉斯基的人干的，而是来自"约克城"号的俯冲轰炸机的杰作。

　　"约克城"号的17架俯冲轰炸机在马克斯韦尔·莱斯利少校的率领下，比"企业"号的同行们晚动身了一个小时。但是他们的运气要好得多，没有飞冤枉路，而是直接飞抵南云部队的上空，并且是与麦克拉斯基的机群前后脚到达的。这种"天衣无缝"的配合纯属偶然，连他们自己也不知道，还有一支兄弟部队也在同时发起了进攻。

　　莱斯利的麻烦出在自己身上。起飞不久，他就示意大伙儿作好投弹准备，自己也按下飞机上新装的电动开关，想让炸弹进入投弹位置。未曾想，这新装的玩意儿不灵，一按就把炸弹掉进了海里。出现这种故障的还有3架飞机。莱斯利非常沮丧，尚未见到敌人，自己就有4架飞机解除了武装。虽然还有机枪，可机枪打不沉航空母舰。

　　大约7时25分的时候，莱斯利拍拍脑袋，示意其他飞机随他俯冲。他自己一马当先，用仅有的武器——机枪向"苍龙"号舰桥扫射。可惜的是，预想中的场景没有出现，机枪卡壳了。莱斯利成了手无寸铁的人。他可不想赤手空拳地挨揍，于是迅速向东南方飞去。

　　这一来，霍姆伯格少尉的飞机就成了带队长机。他从望远镜式的瞄准镜中窥见了"苍龙"号甲板上的大红圈，对准它一直俯冲到60米的高度才拉起机头。飞离军舰时，霍姆伯格瞥见他的目标爆炸起火，成了五彩缤纷的彩球。随后3分钟内又有两颗炸弹命中了"苍龙"号。3个巨大的弹洞沿左舷一字排列，炸弹舱、鱼雷舱和油罐都被相继引爆。

"苍龙"号的主机停车了，轮舵系统也无法操作了，消防系统被彻底摧毁。甲板下面烫得像锅炉，活着的人都拥上了甲板。医生和卫生兵们把已经要死的伤员先放在一边，忙着抢救尚有一线希望的人。突然，又一声剧烈的诱发爆炸把前甲板上聚集的一批官兵掀进大海。

舰上的歼击机乘务员大和多达回忆：

准备出击以前，手里拿着3个饭团子正准备吃的时候，突然，船体倾斜，似乎是紧急回旋，同时，扩音器中传来战斗的喇叭声，大家都震惊了……桌子歪斜了，上面放的饭团子和罐头翻滚在地，连抓住桌子的时间也没有，只是挣扎着不要摔倒，用手扶着墙壁，勉强靠在那里。

舰体又朝相反方向大回旋。有人在说："这不是敌人的歼击机，是俯冲下来的轰炸机。"话音未落，"轰"的一声震颤，把我们掀起来，电灯灭了……不到一分钟，第二次冲击又来了，这次大爆炸比上次厉害很多倍。大家的身躯被弹到空中，撞到天花板上或墙壁上，再跌到倾斜的船舱地面上滚动……本来是钢铁的墙壁，也开始弯曲变形，有的部位大面积龟裂，从缝隙中喷进火焰和黑烟。

我在乘务员室里，全身摔打碰伤失去知觉。醒过来后，恍恍惚惚爬到楼梯口，用尽力气爬上甲板，眼前一片昏暗，通红的闪光不时地纵横掠动，闪光映照下看见血肉狼藉的惨状。一股海浪夹杂着风暴，把我的四肢托起，这使我稍稍清醒，大脑里立即判断："是不是要掉到海里？"我下意识地尽量把身体蜷成一团，两臂抱着双膝，就像炮弹划出的一条抛物线，翻了几个跟头落入海中……从很深的海底挣扎着浮上来后，我看到烈焰冲天的"苍龙"号舰尾正在缓缓地向前移动，救生艇上逃命的乘务员正挤成一堆。军舰甲板上的人越来越多。为了活命，很自然地搭起人墙，似乎在采取紧急措施。原来吊在舰舷的备用快艇里也挤满了人，由于操纵失误，人员过多，前后重量不能平衡，一堆人像叠高的点心一样被甩到大海里……

20分钟后，舰长柳本柳作大佐严厉下令："我命令弃舰，全体官兵都撤下去，一个也不许留下！"

弃舰过程中，有人发现舰长还留在舰桥上不走。在日本海军中，没有哪个舰长像柳本这样深负众望。大家决定，不管舰长本人愿不愿意，一定要把他救出来。

海军相扑冠军阿部军曹返回舰上去救柳本。因为大家想，如果舰长不肯下来，阿部可以凭力气把他强行背到安全的地方。阿部爬上军舰时发现，柳本手握军刀，一动不动地凝视着前方。阿部向柳本敬了个礼说："我代表全体船员，来接您去安全的地方。"

柳本仿佛什么也没听见。当阿部上前想把舰长抱起来时。柳本转过身来，着了魔似的，瞪着眼睛，举起战刀，不准阿部走上前来，严峻的脸上现出与舰共存亡的坚强决心，令人生畏。阿部束手无策，流着眼泪走开了。当他爬下船桥时，听见柳本在舰上高唱《君之代》，紧跟着就是几声爆炸的巨响，晚上16时13分，"苍龙"号渐渐在天昏地暗的大海中沉没了。一位曾在"滨风"号驱逐舰服役的水兵回忆说：

"在担任警戒任务的'滨风'号上目睹了'苍龙'号沉没的情景，回忆起来真是肝肠寸断。当时，"苍龙"号爆炸的巨响震聋人的耳朵，令人身上打战，预感到不吉祥的后果就要发生。不出所料，舰的后面火柱冲天，大概是轻油库和重油库都发生大火，看着看着，舰首逐渐抬高，母舰很快倾斜到60度左右，像下面有什么东西牵拉一样，平素看不到的吃水线下的红油漆已经映入眼帘，'苍龙'号下沉很快，只一会儿的工夫就沉入海底……自从1940年下水以来，我们像对待母亲一样珍视'苍龙'号，往日的欢呼声，今天已经变成呜咽声了。"

得手后的美国轰炸机抛下身后三股浓浓的烟柱，踏上了返航的归途。空中仅有的几架"零"式战斗机也失去了不久前的威风，忙着为自己寻找着陆点。"约克城"号的俯冲轰炸机很走运，在作战中没有损失一架飞机，只是在返回自己舰队上方后，才有两架迫降在海面。

▼ 一架美军轰炸机正准备在海面上迫降，远处是赶来救援的航母。

"企业"号的俯冲轰炸机群的损失稍大一点，有14架飞机迫降海上，其中一部分是由于油料耗尽。麦克拉斯基本人的飞机降在航空母舰上后，油箱里的油料只够用来浸湿一条领带。

美国人走了，天空平静下来了，但水面上却异常混乱。10多艘驱逐舰绕着3艘烈焰滚滚的航空母舰打转转，舢板和救生艇穿行在乱七八糟的漂浮物之间。水面上几百名落水者拼命地挥臂击水，想尽量离开那些不断发生爆炸的火球，他们身后的厚厚的油迹带着火苗随波蔓延。

南云等人乘坐的救生艇在水中颠簸前行，船桨激起的水花像珍珠，又像一些桨手流下的眼泪。军官们强忍住悲痛，但谁看了他们的样子都会产生由衷的同情。源田中佐完全失去了以往的自信和沉着，声音嘶哑地嘟囔了一句："如果'翔鹤'号和'瑞鹤'号在这里，就不至于败得如此惨败了。"

事实上，虽然"翔鹤"号和"瑞鹤"号在珊瑚海战中受了伤，但完全有可能赶上此次作战，比它们伤势更重的"约克城"号不是仅用了3天就修复了吗？日本人太轻敌了，太自负了，满以为少了这两艘航空母舰，也可以稳操胜券。现在后悔也于事无补。

不知是谁接了一句："这一仗的结果肯定将决定日本的命运。"

听到有人如此残酷地道出众人心中埋藏着的绝望，艇上的人们猛然抬起了头，可谁也没吱声。救生艇靠上了"长良"号巡洋舰，南云和他的参谋们径直上了舰桥。

"升将旗。"南云低声吩咐了一声。他仰起花白的头，目不转睛地凝视着低垂在旗杆顶端的将旗。曾几何时，这面旗帜伴随着他打通了太平洋和印度洋，可是现在……南云不由得长叹一声。仅仅一天，南云浑身的锐气荡然无存。

No.2 山口反扑

此时，在南云舰队的编制中，只有山口多闻的"飞龙"号航空母舰了。当第一次发现美军舰载飞机时，山口曾向南云建议，立即打击敌人航空母舰。但建议被拒绝。山口感到危险将至，便命令全舰官兵小心谨慎，"飞龙"号与舰队始终保持一段距离，所以美机轰炸时，该舰毫发未损。4艘航空母已经有3艘被炸，失去战斗能力，唯独"飞龙"号尚安全，南云遂将空中作战指挥权交由山口，命令他立即对美舰队发起空中进攻。

现在就看"飞龙"号的了，他们并不指望能挽回败局，但至少应该让美国人也付出相应的代价。

"我们全部的飞机正在起飞，前去消灭敌航空母舰。"山口多闻接到命令后，立即从"飞龙"号发来信号。看来，山口并未消沉，他仍然充满了全歼敌舰队的信心，尽管他也不知道

◀日本海军少壮派将领山口多闻。

对手到底有几艘航空母舰。山口不仅要挽回损失，而且想反败为胜。这就是山口的性格和魄力。

提起山口多闻，日本海军中无人不知。山口海军少将是日本海军界第一流的少壮派将领，是一位头脑冷静而又刚强果断的指挥官，脑子里灌满了保卫天皇、效忠帝国的军国主义思想，是日本新军阀亲手培养的忠实的鹰犬。山口多闻以全班第二名的优异成绩从海军军官学校毕业，后又到美国普林斯顿大学深造，毕业后历任日本驻美大使馆海军武官、联合舰队首席参谋、海军大学教官、军令部课长和战列舰舰长等职。1939 年，根据山本的建议，山口被调往中国汉口，任日本海军航空部队司令，参加侵华战争；1940 年，山口回国，出任第二航母战队司令官。在多年的海军生涯中，他以勇敢且富有远见，头脑清晰而又能当机立断而著称，堪称日本海军最有才干的将领之一。他前程远大，海军军令部在私下里已经内定他接替山本五十六出任联合舰队司令。他死后，他的同学、联合舰队参谋长宇垣缠在日记里曾这样记述说：

"山口是一位有远见的人。他体谅别人，为人忠厚，行动果敢。他向上级很有力地提出种种积极建议，对作战胜利的贡献很大。在这方面，他比其他司令官更为突出，因此在海军内赢得了一个高尚的地位。"

直到中途岛战役之后很久，海军中仍有人耿耿于怀地认为，如果当时不是由南云忠一，而是让山口多闻负责全面指挥，获胜的一方就是日本。因为南云缺少的果断，恰恰是山口的优点，而这一点在中途岛战役中非常重要。

不过，这些都是后话了。

眼下的灾难局面正好给山口提供了力挽狂澜的机会。当整个舰队普遍感到绝望的时候，当务之急是重振士气。山口随即集合了全舰官兵，用镇定刚毅的声音说：

"机动部队已经失去了 3/4 的航空母舰，唯一完好无损的就是我们的'飞龙'号。值此危机存亡之际，你们和我的身上寄托着帝国海军，不，是整个大日本帝国的希望。现在，我要求你们继续奋战，为帝国争光，为正在燃烧的'赤城'、'加贺'和'苍龙'诸舰复仇！"

山口走下舰桥，到飞行甲板上和即将出征的飞行员们一一握手话别："拜托了。"最后走到带队长机小林道雄大尉面前站定，双手用力地扳住小林的肩膀摇了两下，目光中透出殷切期望：

"皇国兴衰，在此一举！"

这是 37 年前联合舰队在日本海上决战俄国舰队时，东乡平八郎司令长官激励全军将士的一句名言。

小林大尉激动得连牙齿都在打颤，一句话也说不出来。他向山口敬了个礼，默默转身登上了飞机。7 时 40 分，18 架俯冲轰炸机和 6 架"零"式战斗机在全舰人员的默默的目送下消失在天际。这样一种编组比例显然不够理想，护航的战斗机少了点儿，尤其在弄不清敌人有多大兵力的情况下，更是一种冒险。可是不能再等了，这是山口目前所能出动的全部飞机。

小林攻击队在 40 多米的高度向东搜索前进。本来，单靠他们自己是难以发现目标的，多亏发现了正在返航的"约克城"号上的俯冲轰炸机。小林示意飞行员们悄悄地跟踪敌机。这与前不久"岚"号驱逐舰无意中为美国轰炸机引路的情况如出一辙。可是，小林的运气不如美国同行好，当他们发现美国舰队时，"约克城"号上的雷达早在 45 海里之外就发现了他们。

"约克城"号立即发出信号，要第 17 特混舰队的其他军舰组成"V"形编队，以迎接空袭。驱逐舰以 30 节高速迅速组成了外层防御，"约克城"号上的 12 架战斗机也升向了空中。与此同时，弗莱彻向附近的第 16 特混舰队发出求援信号。斯普鲁恩斯立即从自己正在空中巡逻的 16 架战斗机中派出 6 架前往支援。

在日本机群距离美国舰队还有 15 海里远的时候，美国战斗机迎头扑了过去。随即展开的空战激烈壮观，6 架"零"式战斗机和数倍于己的美国战斗机搅在一起，上下翻飞。"零"式战斗机想把美国战斗机全部吸引到自己周围，以便使轰炸机不受阻拦地攻击航空母舰。

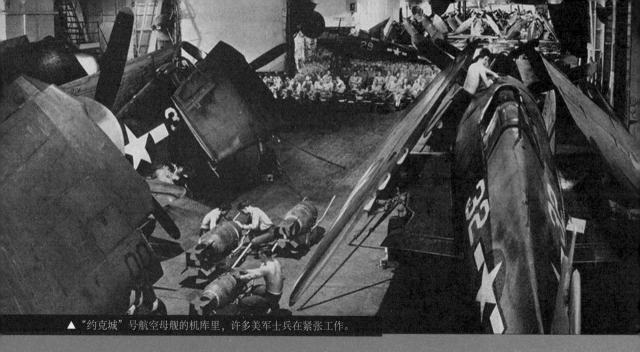

▲ "约克城"号航空母舰的机库里，许多美军士兵在紧张工作。

但是，美国飞机太多了，仍有好多架战斗机摆脱了"零"式战斗机的纠缠，追逐着日本的俯冲轰炸机。

空中格斗离"约克城"号越来越近，等双方厮杀到舰队上空时，小林的俯冲轰炸机已有 10 架被击落了。空中的电波异常复杂，不时夹杂着"万岁"的喊声，那是日本飞行员遇难前的最后呼喊。

又有两架俯冲轰炸机撞在美国护卫舰队绵密的高射炮火网上。9 时整，剩下的 6 架俯冲轰炸机各自为战，以单机呈曲线迫近，使下面的炮手难以对付。"约克城"号右舷的机关炮一齐对准第一架尖啸着俯冲而下的轰炸机开火，将飞机截为三段。但飞行员在被击中的一刹那，及时地投下了炸弹，击中了离 4 号炮位不到 7 米的舰舷。这颗炸弹把飞行甲板中部炸出一个 3 米多的大洞，造成舰库内 3 架飞机起火。机库里的官兵立即打开消防装置，很快将火扑灭。

第二架飞机投弹完毕，刚刚仰起机头，就被准确的炮火击中了暴露的腹部，在航空母舰上方凌空裂成了碎片。它投下的炸弹紧擦舰尾而过，入水即猛烈爆炸。机身的碎片和炸弹的弹片扫向后左舷炮的几名炮手，切掉了他们的脑袋或手臂。

另一批飞机从左侧冲下来，但其中只有一架投下了炸弹，接着这架飞机也落入离左舷不远的海里。这是一颗装有延期引爆的炸弹，它像坦克似地在飞行甲板上"隆隆"前冲。它穿过副舰长办公室，又闯进战斗机飞行员的休息室，幸亏飞行员都在空中作战。炸弹把舱室里的大咖啡壶撞坏后，又一路势如破竹，最后在烟囱里爆炸。冲击波使锅炉熄灭，还把一号、二号和三号锅炉的升烟道全部炸断。"约克城"的航速立即降到 6 节左右，又过了 20 分钟，"约克城"号失去动力，纹丝不动了。

第三颗，也是最后一颗命中弹落入一号升降机的井里，在下面第 4 层甲板上爆炸，造成前汽油库和弹药舱隔壁的舱室起火，使弹药舱面临烈火引爆的巨大威胁。

日本飞行员的攻击水平很高，第一次进攻就命中 3 弹。不过，"约克城"号的抢险队要比日本同行的本领强，他们很快就控制住了灾难。经过两个小时的奋力抢修，蒸汽压力不断上升，抢修工作继续进行，"约克城"号的航速也逐渐增加。"约克城"号奇迹般地又一次投入了战斗。其中修复飞行甲板仅用了 25 分钟，重新启动用了 1 小时又 10 分钟。

与此同时，弗莱彻决定把帅旗移至"阿斯托利亚"号。虽然"约克城"号一时还没有危险，但它作为旗舰已经不合适了。这项决定十分明智，也非常实事求是，它体现了

▼一架美军飞机正被拖至航母上的预定位置。

真正的弗莱彻作风。他和参谋人员离开巴克马斯特舰长和他的舰员，彼此各司其职、互不干扰，这对于各有关人员都更合适。弗莱彻没选别的护航舰艇，所以选中"阿斯托利亚"号，一来是因为它就在附近，二来是因为他的参谋长和亲密战友波科·史密斯正在该舰上指挥着各巡洋舰。

13时13分，弗莱彻的参谋人员开始从右舷攀绳而下，登上"阿斯托利亚"号的二号机动救生艇。弗莱彻刚跨出一条腿，又停下来对负责的水手长说："干这玩意我他妈的有点老啦，最好用绳子把我吊下去。"于是两名水手兵把他像条大鱼似地拴在单套结绳子的一端，慢慢放了下去。

17分钟后弗莱彻一行上了"阿斯托利亚"号，继续指挥战斗。

小林没有回来，包括他的飞机在内，一共损失了3架战斗机和13架俯冲轰炸机。直到这时，山口少将才得知，对手包括"企业"号、"大黄蜂"号和"约克城"号3艘航空母舰。

虽然从前来进攻的敌机数量上看，山口已预感到对方可能不止一艘航空母舰，但现在得知的消息仍使他十分震惊。一比三，即使把刚刚蒙受打击的那艘除外，美国人还有两艘一流的航空母舰，而且，谁敢保证那艘航空母舰就一定失去了战斗力？战前曾判断在珊瑚海被击沉的"约克城"号不是又出现在战场上了吗？

山口少将决定,动用现有的全部能动的飞机发动第二次进攻，否则就可能不再有机会了。他七拼八凑，把包括"赤城"号和"加贺"号上降落在此的飞机加在一起，组成了10架鱼雷机和6架战斗机编组的攻击队，并指定由"飞龙"号飞行队长友永大尉率队攻击。

舰桥上，山口对友永作最后的交代："不要再去攻击那艘受伤的航空母舰了，要寻找另外的航空母舰，争取给美国人造成全面重创。"稍停一下，山口又说："当然，如果在那片海域没发现新的目标，那就再次攻击受伤的敌舰。"

随后，山口再次来到飞行甲板上为飞行员送行。他向大家说道："望勇敢战斗。牺牲的不只是你们，在你们前面有小林君，在你们后面有我。我随后就来。"

参加攻击的飞行员们都清楚，此行大概是有去无回了，但他们踏进机舱时仍个个面带笑容。拂晓率第一攻击波空袭中途岛时，友永大尉的左油箱被击中，还未来得及修理。地勤人员对此表示担心。友永笑笑说："没关系，左边由它去吧，把一个油箱加满就足以飞到敌舰上空了。"地勤人员犹豫片刻，把友永的飞机推向了起飞线。

友永表面上非常坦然，可心里却充满了内疚。他这个人性格孤僻，从不向人吐露思想感情。越是这样的人，内心的折磨和痛苦就越重。看着3艘航空母舰上的熊熊大火，友永痛感这场灾难全是由自己造成的。如果不是自己建议对中途岛发动第二次攻击，何至于造成整个舰队的混乱和被动，何至于被美国人抢占先机？友永扫视一下正在发动的十几架飞机，罪责感愈发强烈。眼前小小的攻击队何等寒酸，那么多战友都已命丧大海，自己还有什么面目活在世上。

他回头看看机舱里的其他成员，心中默默地念叨着："对不起了，我们不再生还。"

9 时 45 分，16 架飞机依次起飞，领头的是友永那架尾巴涂成黄色的带队长机。甲板上的人们默默地目送着机群远去，许多人脸上淌着热泪。

随之发生的空战实际上是两个小时前那场格斗的重演。"约克城"号的雷达再次在几十海里以外捕捉到来犯的敌机。全舰立即停止给战斗机加油，迅速排干加油系统，用二氧化碳将它封住，同时派出舰上的 14 架战斗机迎敌。此外，斯普鲁恩斯的第 16 特混舰队也派出了一些战斗机。

先起飞的 6 架美国战斗机方向没错，但高度与迎面而来的日本攻击队相差了 1,500 米，因此，双方没能碰头。

11 时 26 分，友永发现了一艘航空母舰。他根本来不及去寻找另外的航空母舰，前方就出现了一群美国战斗机。不是冤家不碰头，这艘航空母舰又是"约克城"号。不过友永并不知道它是谁，所有日本飞行员都以为眼前的庞然大物是一艘从未受过打击的航空母舰。

6 架"零"式战斗机成功地缠住了数量占优势的美国战斗机，而友永的鱼雷机编队则趁机扑向那艘航空母舰。11 时 34 分，友永下令已经散开的机群从不同方向开始攻击。鱼雷机立即从 2,000 米下降到离海面只有 100 米的高度，直冲"约克城"号而去。

还有 500 米了，一架鱼雷机几乎贴着海面发射了鱼雷。鱼雷拖着白色的浪花与"约克城"号成直角射了过去。鱼雷机来不及拉起来，转舵从"约克城"号舰首擦了过去。飞行甲板上的美国水兵望着脚下疾掠而过的飞机惊叫起来："日本人真玩命，飞得这么低！"

鱼雷机驾驶员没听到爆炸声，脱离后回首后下方，只见腾起的水柱正在下落，接着看到左舷中部冒出滚滚浓烟。

几乎同时，第二颗鱼雷插进了"约克城"号左舷靠前一些的部位。爆炸过后，"约克城"号失去动力，向左舷倾斜了 17 度，甲板上未固定的东西滑落海中。又过了 10 分钟，倾斜度已达 26 度，左舷飞行甲板的边缘几乎接触到海面。幸亏当时风平浪静，否则只需一个浪头，"约克城"号即会翻转倾覆。舰上的电力系统全部瘫痪，各部位的联系中断，燃油舱汩汩外淌的燃油随着倾斜的舰体向各个部位蔓延，只要有一丁点儿火星就会酿成全舰的大火。"约克城"号这次是彻底报销了。

抢出舰上的人员成了唯一的紧急任务。11 时 55 分，蓝白色的信号旗升了起来——弃舰。

◀ "约克城"号航母虽被日军击中，但尚未沉没。

◀ 一架日机被炮火击中后，一头栽进离"约克城"号不远的海中。（左下图）

300多名官兵抬着伤员，在极度倾斜的甲板上爬行着离开。

即使受损这样严重，"约克城"号也还是两天多后才沉没的。在此之前它一直不死不活地漂浮在海面上。一度撤离的消防队又重新登上去，千方百计地想再次救活这艘屡屡受创的航空母舰。最后为它送葬的是日本的"伊-168"号潜艇。

6日清晨，潜伏在中途岛附近的"伊-168"号潜艇艇长田边弥八少佐收到一份特急电报，令其迅速抵达中途岛东北方150海里的水域，寻找并击沉一艘受伤的敌人航空母舰。这个任务并不轻松，因为航空母舰周围一定会有好几艘驱逐舰护卫，潜艇很可能在进抵攻击位置之前就被发现，并遭受深水炸弹威胁。

6日一整天，乘潜艇驶向预定地点的空闲时间，田边一直待在驾驶台上苦思冥想。田边设想，最好能在拂晓时找到航空母舰，这样既可以凭一点亮光看清猎物，又能借助比较暗淡的天色隐蔽自己。

夜色笼罩了太平洋，海面上一片朦胧。"伊-168"号浮上水面，以16节航速向目标航行。

越是接近目标区域，田边就越小心谨慎。

6月7日来临了，1时10分，田边透过望远镜凝视着逐渐亮起来的天际，他看见了一个黑点。太棒了！发现猎物的时机和位置都恰到好处。"伊－168"号从西南方迎着冉冉升起的旭日航行，艇上所有的人都能清楚地看见衬托在天幕上的"约克城"号的轮廓，而对面的敌人却很难察觉仍然隐藏在一丝夜色中的潜艇。

"减速！"田边担心在水面上破浪航行的潜艇会被巡逻飞机发现。大约3时许，身边的观察哨提醒说："艇长，有驱逐舰。"

"下潜，航速降至3节。"田边控制潜艇像鳗鱼一样悄然滑向目标。他透过潜望镜数了数，共有6艘驱逐舰，成两列环绕在距"约克城"号1,000米的外围，此外，还有扫雷艇。

海面上非常平静，潜望镜容易被发现。于是，田边收起潜望镜，靠听声音在水下继续前进。此后的接近动作异常缓慢，田边作为一个潜艇指挥官，具有这个行当必须具备的最重要的素质——耐心。他每隔一个小时才升一次潜望镜，观察片刻马上就收起来。他只有一次机会，没有十分把握，他宁肯什么也不干。

听！头顶上传来驱逐舰驶过的声音。这说明已经进入了敌人的警戒圈了。全艇人员紧张极了。9时37分，田边再次冒险升起潜望镜，天哪！航空母舰庞大的身躯像山一样耸立在眼前，连上面忙忙碌碌的每一张面孔都看得清清楚楚。太近了，只有不到500米。在这个距离上攻击，鱼雷会从航空母舰的下面钻过去。

田边赶忙收起潜望镜，下令倒退。"千万不能冒险，一定要克服侥幸心理。"田边拼命抑制着自己的冲动。在这么多驱逐舰的警戒下，必须首发命中，否则……

"伊－168"犹如鲨鱼嘴边的小鱼一样，提心吊胆地再次钻过警戒线，以便寻找一个合适的攻击点。真是困难重重，惊险万分。这么一次微小的调整竟然花了近一个小时。10时30分，当田边再次从潜望镜中观察时，"伊－168"与"约克城"号之间的距离正好相距1,500米，而且整个舰体的一侧全部横在瞄准镜里。恰在此时，有一艘驱逐舰也闯进了瞄准镜里。这个不该来的倒霉蛋是"汉曼"号驱逐舰。

"准备发射！放！"两枚鱼雷应声射出。几秒钟后，又向同一方向发射了两枚。

"约克城"号发现了4条白链似的鱼雷航道，舰上的机枪鸣枪报警。"汉曼"号拼命向鱼雷射击，想在鱼雷击中目标前把它们引爆。可是什么都来不及了。"汉曼"号首当其冲，被第一枚鱼雷炸为两截，3分钟后就从海面上消失了。另外两枚鱼雷从"汉曼"号底下钻了过去，在"约克城"号上激起两声巨响。

再次遭到重创的"约克城"号又支撑了10多个小时，于6月8日凌晨1时58分在惊涛骇浪中徐徐下沉。"约克城"号可算是多灾多难，在不久前的珊瑚海海战中，它曾被敌人打得遍体鳞伤，而今刚刚"复康"，又在中途岛扑向死神。特混舰队为了表示与它沉痛诀别，弗莱彻在"阿斯托利亚"号巡洋舰甲板上，召集全体官兵集合列队，面对沉海的"勇士"，齐声高唱海军军歌：

大浪，大浪！
我不能再为你高声歌唱，
请你轻轻地，轻轻地，
伸出你的臂膀……
请你深深地，深深地，
把你的朋友埋葬！
我在军舰上倒下，
手中紧握来复枪。
我吐出最后一口气，
流尽最后一滴血浆。
我曾是无畏的士兵，
我曾有甜蜜的梦想，
人虽有情，子弹无情，
在炮火中献身，我别无奢望，
上帝保佑我，
让我的灵魂升入天堂，
大浪帮助我，
把我的躯体深埋海洋！

弗莱彻和官兵们心情悲痛，歌声苍凉。他们怎么能不难过？"约克城"号在珊瑚海罹难以后，原来估计90天才能修好，为了急于参加中途岛一战，珍珠港技术人员以他们惊人的技艺和努力，3天之内就把"约克城"号修复完好，推向火线。不料，战斗刚刚打响，它就毁身而去。

"伊-168"上的水兵听到海面上的爆炸声，欣喜若狂地拥抱在一起，"万岁！"的喊声在狭小的空间里震耳欲聋。田边比较冷静，他知道现在还不到高兴的时候，因

为该轮到自己挨打了。

几分钟后，深水炸弹在"伊－168"的周围连连爆炸。田边把他所知道的规避方法全用上了，可是总也躲不开头顶上像接力赛一样轮番驶过的驱逐舰。第70颗深水炸弹在很近的地方炸开，"伊－168"全身剧烈地一震，头顶上方的油漆开始一块块地剥落，艇内一片漆黑。前鱼雷发射舱和转向舵机舱进水，蓄电池受到损坏。漏洞虽然被很快堵住了，但电池中的硫酸却慢慢地渗了出来，和舱里的积水混在一起，产生了有毒气体。呼吸变得越来越困难，连舱底的老鼠也跑了出来，逃避令人窒息的气味。

到16时太阳就会落下来，那时，潜艇才能浮上来。可熬到那时还要两个多小时。"伊－168"实在挺不住了，与其在水下憋死，不如冒死上浮，在海面上痛痛快快地拼杀一场。13时40分，舱口盖刚露出水面，田边就一跃跳上舰桥。他惊讶地发现，附近空空如也，只有远处几海里的地方隐约有几艘驱逐舰。"伊－168"抓紧时机，一边向远处躲避，一边紧急抢修、充电并排出艇内有毒气体。

过了一会儿，两艘驱逐舰发现了逃跑的潜艇。双方在海面上一前一后开足马力拼命疾驶。潜艇当然跑不过驱逐舰，双方的距离越来越近，炮弹激起的冲击波震撼着"伊－168"，使它像波涛中的枯叶一样飘飘忽忽。

田边真想回过头来与驱逐舰撞个同归于尽，但看看天际欲坠的太阳，他又想碰碰运气，再坚持30分钟就有可能生还。此时，驱逐舰大炮的交叉火力越来越急

▲ 美军航母上的防空炮准备战斗。

促，弹着点也越来越近。

"紧急下潜到60米深度。"当机械师报告说电机已经修好时，田边赶紧下达了命令。在水下又熬了1个多小时，深水炸弹逐渐落得远了，稀疏了。看来，水面上的驱逐舰已经离远了。

"伊-168"悄悄浮上了水面，当看到夜幕初降的大海上空空如也，可以任意驰骋之后，所有能暂时离开岗位的艇员都拥上了舰桥。在潮湿的晚风中，大家深深地呼吸着略带咸味的空气。这时已经是6月7日15时50分了。

No.3 将星陨落

在"约克城"号下沉的同时，尼米兹收到电信：中途岛西北170海里处，有3艘日军起火的航空母舰，其中两艘已经沉海，现在"野猫式"和"无畏式"轰炸机正在攻击"飞龙"号。中途岛刚刚从夏威夷调来的12架B-17型轰炸机，也立即投入了战斗。

尼米兹心情略微好了一点，脸上容光焕发，立即电告："斯普鲁恩斯将军，我命令，全军再接再厉，最好再炸掉一艘日本航空母舰！"

接到尼米兹的电报后，斯普鲁恩斯立即召集参谋们紧急磋商对策。参谋长布朗宁认为：这些日本轰炸机是从麦克拉斯基报告所说的那艘未受打击的航空母舰上起飞的。性情急躁的布朗宁主张立即采取报复行动，尽快摧毁敌人的反击能力。

斯普鲁恩斯主张缓一缓，准备好了再干。理由是刚刚返回的轰炸机尚未完成起飞的准备，特别是敌人航空母舰的确切位置还没有搞清楚。他提醒大家，前不久的几批飞机都因为找不到目标而徒劳往返，其中一些飞机因燃料耗尽而无谓地损失了。不能再重蹈覆辙，斯普鲁恩斯决心再等一等。

11 时 45 分，望眼欲穿的弗莱彻和斯普鲁恩斯收到了搜索机的报告："航空母舰 1 艘、战列舰 2 艘、重巡洋舰 3 艘、驱逐舰 4 艘，方位北纬 31 度 15 分、西经 179 度 05 分，航向 0 度，速度 15 节。"

"全部能参战的轰炸机立即起飞！"随着斯普鲁恩斯一声令下，集中在"企业"号上的 24 架俯冲轰炸机，在加拉路上尉率领下，于 12 时 50 分离开舰队，扑向目标。不过，还是没有战斗机护航，战斗机必须留下来保卫舰队，尤其在"约克城"号遭空袭后就更显得非常必要。

此时，"飞龙"号上也在准备第三次攻击。从美军舰载机开始向"飞龙"号攻击以来，它已经遭到了 79 架美机的攻击，并成功地躲避了 20 枚鱼雷和大约 70 颗炸弹。此时，舰员与飞行员早已筋疲力尽，疲惫不堪。

"我们还可以出动多少飞机？"山口问下属。

"只有 6 架战斗机、5 架俯冲轰炸机和 4 架鱼雷机。"舰长加来止男大佐语气沉重地回答道。

"告诉飞行员，抓紧时间休息，准备再次起飞。"尽管剩下的飞机少得可怜，飞行员经过一天的战斗也已精疲力竭。但现在不是慈悲的时候，山口决定再次攻击。当然，他也知道，以劣势兵力实施白昼攻击，胜算的希望不大，所以打算黄昏时做最后的努力。那时，他为数不多的飞机就会有更多的机会冲破敌人飞机的阻拦，前去击沉敌航空母舰。

15 时 31 分，山口向南云报告："我们计划用现存全部兵力，于黄昏时发起进攻以歼灭残敌。"

山口的乐观似乎很滑稽可笑。其实不然，因为他确信他的飞机已击沉或重创了两艘美航空母舰。犯这种错误也很自然，因为他的第一波攻击飞机报告说一艘航空母舰起火，第二波飞机又报告重创一艘航空母舰。山口并不知道两次攻击的是同一艘军舰。虽然山口的飞机损失惨重，但他对两次空袭的战果很满意。他打算把美国人的残兵败将统统消灭。

此时，"飞龙"号在海上劈波斩浪，往返驰骋。舰上所有飞机都做好了起飞准备，舰员们齐声高呼："'飞龙'号，报仇雪恨！"

◀ 日军潜艇在海上寻找目标攻击，"约克城"号航母就是被其击沉的。

　　"飞龙"号开饭了，这是一天中仅有的一次，也是最后的晚餐。舰上的所有人员——除了几个必须在空中巡逻的飞行员——都抓紧这短短的战斗间隙，狼吞虎咽地吃着香甜的年糕团。不过，他们并没有停下攻击的准备工作，而是边吃边干。

　　正当山口计划实施再次攻击时，弗莱彻和斯普鲁恩斯也在给山口舰队设计着"坟墓"。13时45分，斯普鲁恩斯下令加拉赫率领舰上所有能参战的俯冲轰炸机全部起飞，这个机群的飞机总共24架，其中11架载有重1,000磅的炸弹，其余飞机载有重500磅的炸弹。

　　15时30分，全部飞机都已起飞，扑向"飞龙"号航空母舰。

　　加拉赫的机群先是发现了海天相接处袅袅升起的几柱浓烟，那是被击中的航母。紧接着，他看见了北边不远处的"飞龙"号及其护航舰只。加拉赫故技重施，从背阳方向迅速接近目标。没有雷达的日本人又一次措手不及，当几架"零"式战斗机前往拦截，高射炮匆忙开火时，俯冲轰炸机已经飞临"飞龙"号的上方。

　　此时，"飞龙"号舰员正利用短暂的战斗间隙，狼吞虎咽地在吃饭。谁料巨大的危险已悄悄向他们袭来。加拉赫率领的俯冲轰炸机队已经逼近"飞龙"号。

　　17时3分，"飞龙"号瞭望哨惊呼："敌俯冲轰炸机就在头上了！"

　　只见13架美机背阳而下，向"飞龙"号直扑过来……

　　"右满舵！""飞龙"号的加来舰长一声令下，航空母舰首先避开了头3颗炸弹。

　　加拉赫的飞机对准"飞龙"号浅黄色的甲板直冲而下，炸弹偏了，落在目标后面的海里。随后的两架飞机也没有命中目标。"飞龙"号笨重的身躯在加来舰长的操纵下，令人难以置信地左右急转，避开了一颗又一颗大炸弹。

　　多亏几架攻击战列舰的飞行员灵活机动，他们一发现加拉赫的机群攻击未果，马上抛开战列舰，掉转机头冲向航空母舰。4颗炸弹在瞬间从高空投下，连续命中，全部在舰桥附近爆炸。烈火完全挡住了指挥区的视线，不断诱发的爆炸一次次加重创伤。

"飞龙"号的第三波攻击飞机原定由桥本率领，他在待命出击前想抓紧时间打个盹。他刚刚闭上眼睛，猛然听到了"可怕的爆炸声"，刹那间，又被令人窒息的浓烟所包围。舱盖被关闭，过道上挤满了从底舱爬上来的人。又一声剧烈爆炸把军舰震得直晃，所有的灯都熄火了。桥本憋得难忍，就朝着亮处跑去，想吸口新鲜空气。那亮处原来是炸出来的洞。洞外一切都在燃烧，幸亏桥本戴着手套，才能从洞里爬出来。由于他没戴帽子，火星溅在头上，把头发都烧着了。旁边有个人递给他一个面罩，尽管那面罩烧得只剩下一半，而且上面全是灰，桥本却十分感激地把它接了过来。

加来舰长为避免再度中弹，只好指挥"飞龙"号全速前进，由此而产生的风助长了火势的蔓延。当时位于"长良"号上的南云等人看到，"飞龙"号从舰首至舰尾一片大火，"像头发了狂的牛一样拼命地奔跑"。

这时，从"大黄蜂"号上起飞的15架美军轰炸机也赶到了。由于"飞龙"号已是一团大火，不需要再对其攻击，于是这批飞机转而向"利根"号和"筑摩"号巡洋舰发起攻击。但是，投下的炸弹竟然没有一颗击中新的目标，似乎除了航空母舰之外，其他船只都有神灵在护佑。

难怪几十年后还有不少人称中途岛之战的结局纯属偶然，否则为什么在上百架各种飞机的一整天攻击中，美国人别无建树，却偏偏在关键时刻击中了关键目标？

运气也罢，奇迹也罢，反正在6月5日的大决战中，美国特混舰队取得了一比四的辉煌胜利，这远远超出了他们最好的预期。

21时23分，"飞龙"号完全失去航速，"飞龙"号最后完全失去动力，在原地漂浮，开始倾斜，不断进水，倾斜到15度，25度……"风云"号驱逐舰开到燃烧的航空母舰旁边，协助灭火。"夕云"号驱逐舰在一旁急得团团乱转，也没有办法。日军舰员两次进入机舱的拼死努力均告失败，"飞龙"号已完全无法拯救。

这时，山口通过"风云"号驱逐舰向南云海军中将报告，接到的命令是"立即弃舰"。

6月5日2时30分，海上一片漆黑，美国飞机还在空中飞啸投弹，他们不看到"飞龙"号沉没绝不罢休。山口要加来舰长召集全体官兵到甲板上紧急集合。火光照耀着一张张恐怖沮丧的脸，除伤亡者外，还有800多人，一个个肃立聆听山口的训话："我是这支航母舰队的司令官，由于我没能忠于职守，指挥无效，致使'苍龙'和'飞龙'遭到敌机攻击。我山口多闻有愧于天皇陛下，有愧于大日本帝国。目前我只能与本职共存亡，献身天皇和帝国。我现在以司令官的名义命令你们，立即全体离舰，继续英勇战斗，直到最后胜利！"

有些官兵们不肯离舰，请求跟山口一起留在舰上献身，被山口坚决拒绝了。这时，有人含泪从身边的淡水桶里舀了一杯淡水，递给山口多闻，只当诀别酒。他端起这杯淡水，与部下凄然饮别。然后大家忍痛地向停在一边的"风云"号驱逐舰上转移。首席参谋伊藤海军中佐不忍离开山口，再次走上前哀声问道："将军，您还有什么话要说吗？"

"天皇陛下万岁，万万岁！"

山口早已泪流满面，他顺手摘下战斗帽，送给伊藤说："请留下，作为最后的纪念品吧！"

伊藤默默地接了过去，并向上司敬举手军礼。加来舰长决心要留下来，并恳求山口司令离舰，理由是与舰共存亡的首先应该是舰长。山口严肃地摇摇头："不，我不能离舰。你要献身，那我们就一起献身报国吧！"

最后，他用一块布把自己绑在舰桥上，以确保能与"飞龙"号一起沉向海底。与他并肩绑在一起的是加来止男舰长。

皎月当空，海风呼啸，大浪发出凄切的叫声，击打着残破的船舷。"飞龙"号的幸存人员已开始向"风云"号转移。当最后一批人离开"飞龙"号后，山口和加来登上舰桥。人们看到他们在向长时期以来在他们手下服役的人们挥手诀别。当山口的死讯传到北方编队时，第二机动部队司令角田觉治海军向他的航空参谋奥宫正武海军少佐吐露："山口海军少将要是担任机动编队司令长官多好！我情愿在他手下工作。"

6月6日2时10分，东方刚刚开始发白，遵照山口的最后

◀日军即将沉没的"飞龙"号航母。

▶一架美军俯冲轰炸机向日军军舰投弹。

指示，阿部海军大佐下令"风云"号和"夕云"号驱逐舰击沉"飞龙"号。5时10分，"风云"号和"夕云"号向"飞龙"号发射了鱼雷，在一阵震耳欲聋的爆炸声后，"飞龙"号缓缓下沉。但一小时二十分钟后，受山本指派寻找南云机动编队的"凤翔"号轻型航母的一架侦察机发现，"飞龙"号仍然漂浮在水上，并发现甲板上还有人活动，山本将这一消息转发南云，命令他立即核实，并尽一切努力援救幸存者。南云随即派"谷风"号驱逐舰和"长良"号的水上飞机寻找"飞龙"号，但没有任何发现。"谷风"号在进行搜索的时候，遭到了美军舰载机的多批猛烈轰炸，第一批4架俯冲轰炸机于16时36分来袭；18时许第二批26架；18时45分第三批6架。但这艘驱逐舰只受到一颗近失弹的轻微损伤。由于"谷风"号吸引了美机，使附近的日军舰只没有被美军舰载机发现。因此，四艘沉没的航母上的幸存人员从救援的驱逐舰上转移的工作未受到干扰。随后驱逐舰将救起的航母人员转移到"陆奥"号、"长门"号、"榛名"号和"雾岛"号战列舰。海上风急浪高，使这一工作困难重重，汹涌的波浪使驱逐舰无法靠拢战列舰，最后只好停航，放下小艇来往输送。转移工作一直进行到深夜，各战列舰的病舱和卧舱都挤满了伤员，大部分伤员都是烧伤。

而实际上"飞龙"号一直到8时20分左右才沉没在北纬31度38分，西经178度51分海域，飞机所发现的甲板上的人员是机舱人员，驱逐舰发射的鱼雷恰好把下面甲板炸开一条出路，奇迹般地使这些人从船的底部逃了出来。"飞龙"号沉没后，他们漂浮在水上，后被一艘美国军舰救起。

"飞龙"号在作战中，除自愿与舰共存亡的两位指挥官外，416名舰员丧生。"飞龙"号完全沉没的附近的海面上，血尸推波，残肢逐浪，惨不忍睹。

第八章

困兽犹斗

　　山本五十六像输红了眼的赌棍，一心想要在夜里捕捉美军舰队……尼米兹听到消息后，开始也有点不理解。等他仔细听取情况汇报后，逐渐明白了斯普鲁恩斯的做法。他缓缓地回答说："我相信，斯普鲁恩斯在现场的判断，要比我们在这里的判断更正确。随着时间的推移，事情的真相将会大白。我们没有资格对一个战场司令官的行动品头论足。"

No.1 山本连发三道命令

现在再让我们回头来看失去了旗舰的南云，11时30分，南云转移到了"长良"号巡洋舰，20分钟前，从"筑摩"号巡洋舰起飞的侦察机报告："在90海里外发现美军舰队！"机动编队首席参谋大石海军大佐向南云建议："美军比我们原先想的近得多，如果我们全速前进，就有可能与敌进行水面战斗。"

日军判断，美军航母的警戒舰只有7艘巡洋舰和5艘驱逐舰，而日军机动编队有2艘快速战列舰、2艘重巡洋舰、1艘轻巡洋舰和12艘驱逐舰，完全可以凭借炮火优势消灭美舰，但此时在"长良"号附近只有5艘驱逐舰，其他军舰，有的正在为3艘受伤的航母提供警戒，有的正与"飞龙"号航母、"榛名"号、"雾岛"号战列舰，"利根"号、"筑摩"号重巡洋舰一起北撤。

犹豫不决的南云，直到11时50分才向山本和登陆编队司令近藤报告目前的不利局面和准备采纳大石的建议组织与美军舰队的水面决战，11时53分用无线电向各舰下达集结令，命令第10驱逐舰战队、第8巡洋舰战队和第3战列舰战队沿170度航向全速前进。"长良"号及5艘驱逐舰则以24节航速向东北航行，与各舰会合。11时56分和59分，南云两次重复此项命令。

13时，"利根"号的侦察机报告美军正在撤退，毫无疑问，只有巡洋舰和驱逐舰作为警戒兵力的美军舰队，是绝不会用火炮和鱼雷来与日军进行水面舰艇之间的决战，最聪明的办法是尽量与日军舰队保持一个安全距离，利用舰载机的空中优势，加上中途岛岸基航空兵的支援，实施猛烈空中打击。而且美军还可利用相当数量的侦察机，查明日军舰队的位置，并保持一定距离，甚至还能布置一个圈套让日军舰队来钻。因此，南云决定放弃在白昼组织海上决战的企图，但是心有不甘的南云，还决定组织夜战。于是南云下令暂时西撤，同时进行夜战准备。

当黄昏前后，"飞龙"号失去战斗力，也使南云丧失最后的空中力量。南云和他的参谋人员已经意识到败局已定，眼下唯一能做的就是避免更大的损失，但是谁也不愿提议撤退。

17时32分，另一架侦察机报告，美军舰队还在继续东撤，夜战的希望也更加渺茫了。南云听到这个消息后很是焦灼，但是大石仍继续坚持实施夜战，他建议"长良"号的一架夜间侦察机，也就是南云机动编队剩余的唯一一架侦察机做好准备，去搜索美军舰队。但是要靠一架侦察机在漆黑的夜里去寻找茫茫大海之中的美军舰队，希望是微乎其微的。因此，南云的其他参谋，对组织夜战的可能性越来越怀疑，但大石仍坚持他的观点，还建议把正在警戒受伤航母的驱逐舰全部调回来，以加强夜战的兵力。南云同意了这一建议，向各舰发出了集合的命令。其他参谋人员对此建议甚为担忧，倘若这几艘航母下沉而又没有驱逐舰在旁救援，航母上的人员怎么办？再说如果不能在拂晓前把航母上的人员救出，把受伤的航母处理完，并完成撤退，一到天亮，航母、驱逐舰所有一切都将成为美军飞机攻击的理想目标——但是没有人吭声。

18时30分，"筑摩"号用灯光信号报告：二号侦察机在燃烧中的美军航母以东30海里，发现敌4艘航母、6艘巡洋舰和15艘驱逐舰正向西航行。这一情报所提到的军舰数量正确，但是把2艘巡洋舰当成了航母！实际上此时，美军除了受伤的"约克城"号航母之外还有2艘航空母舰、8艘巡洋舰和15艘驱逐舰。这表明，美军的兵力要大大高于日军的估计，加上日军没有雷达，又只有一架夜间侦察机，要找到美军并战胜敌人，即便有天大的运气也是办不到的。而且一旦夜战失利，天亮后将无法逃脱美军的攻击，南云意识到了这种危险，最后决定放弃夜战企图。

日军主力舰队方面，6月4日凌晨，当南云的飞机起飞后前往空袭中途岛时，山本五十六远在南云后面450余海里的海面上。

从前一天起，山本就被胃病折磨着，但此刻在听取参谋们的报告时还是精神焕发。整个参谋处都觉得战役是在顺利地进行着。山本非常自信，他认为这一次还会像在珍珠港那样，日本人成为整个战场的主宰者。但战局的发展却大出他的意料。

早晨7时28分，侦察机发来电报："发现10艘敌舰！"

这封电报猛然将沉浸在美好梦境中的山本惊醒。

"大和"号旗舰舰桥上的人闻讯后都显得十分紧张，山本更是紧绷脸皮，一言不发。

大约10分钟后又来一个补充报告说，在敌人后队里有一艘航空母舰。

这可是一大块肥肉！"大和"号舰桥上的人们兴奋得不得了。联合舰队首席参谋黑岛问道："南云不是要求准备好第二攻击波，可能攻击敌水面部队吗？"

航空参谋佐佐木十分自信地回答说："是的，第二攻击波很快就能干掉它们。"

三和作战参谋插话说："第二攻击波是不是已经出发去空袭中途岛啦？"

不久前，大家都还在期待南云派出第二攻击波去空袭中途岛，以歼灭敌岸基航空兵呢！佐佐木显得一阵慌乱，他急忙打电话问无线电室，有没有第二攻击波已经飞往中途岛的消息。"还没有消息。"

大家这才松了口气，都认为美军航空母舰肯定会被南云的舰载飞机炸毁，以为过不了多久就可以听到南云报来的佳音。

8时47分，"利根"号的观察飞机又送来另一消息说，在中途岛东北250海里的地方

又发现两艘敌巡洋舰。9 时左右，一架侦察飞机报告说有 10 架舰载飞机进袭南云部队。在往后几乎两小时中再没有听到关于南云部队的消息。

尽管情况隔绝，山本与其幕僚并没感到什么不安。

但是，10 时 50 分，通信参谋和田雄四郎海军中佐满脸沉痛，一言不发地把一份急电递给了山本，这是阿部海军少将从"利根"号上发来的电文：

"遭敌舰载机和陆上飞机攻击，'赤城'号、'加贺'号和'苍龙'号起火。拟以'飞龙'号与敌航空母舰交战，我们暂时北撤，重新集结兵力。"

噩耗传来，犹如晴天霹雳，山本和他的幕僚个个目瞪口呆。

山本本人或者他的参谋们并没有指望这场大规模海战之后舰队还能完好无损。损失 1 艘航空母舰，他仍完全可以泰然处之。损失两艘，虽说是严重的挫折，也还可以忍受，但现在却是 3 艘！损失如此惨重，完全出乎意料。

此时此刻，联合舰队司令部内，人人头脑发麻、手脚冰凉。首席参谋黑岛海军大佐暴跳如雷，急得一会儿拍桌子，一会儿痛哭流涕。

期待中的轻而易举的胜利，突然一变而成为灾难。山本一遍又一遍地看着电报，气恼得连话都说不出来。

现在只有一个办法能挽回败局，那就是迅速集中分布在各个海域的兵力，用战列舰的重炮与美国特混舰队进行一场经典式的水面较量。

司令部的参谋们坚信，只要战列舰和巡洋舰能够靠近敌人到火炮射程之内，美国特混

▲ "大黄蜂"号航母在中途岛海战中发挥了重要作用。

舰队仍然不是日本的对手。除去4艘航空母舰外，联合舰队还有60多艘各种驱逐舰，11艘大型战列舰，11艘重型巡洋舰和12艘轻型巡洋舰。这些强大的水面作战舰只威力无比。只要一两个齐射，就可以把任何敢于迎战的对手击个粉碎。

应该承认，日本人的这种信心不无道理，要是面对面的对打，美国人必败无疑。问题在于这些数字是加在一起的。实际上，除了南云部队处于战场之内，其他部队都分散在交战地点的或北、或南、或西的数百海里，甚至近千海里之外。角田觉治少将的以两艘攻击型航空母舰为主的第2机动部队距战场最远，没有两天是无法从阿留申群岛到中途岛的。高须四郎中将的以4艘战列舰、2艘巡洋舰为主的强大舰队位于角田和南云之间，距两地均有几百海里，一时也是鞭长莫及。山本亲率的以"大和"号等3艘战列舰为核心的，外加1艘轻型航空母舰的舰队，尚处于南云部队西面约300海里的地点。只有南云部队以南、中途岛以西的近藏信竹中将的1艘航空母舰、2艘战列舰、8艘重型巡洋舰和2艘轻型巡洋舰组成的舰队，最有可能在预定的时间赶抵战场，但估计最快也要到当天夜半时刻赶到。至于剩余的其他船只就指望不上了。

山本开始痛感自己的五个指头伸得过于长了，以至于一时无法凑成有力的拳头。尽管如此，山本于12时20分向部队发出电令：

各部队按下列要点行动，以攻击中途岛以北之敌：

1. 主力部队9时的位置是北纬34度35分、东经171度05分，航向120度，航速20节；

2. 登陆部队的近藤本队以部分兵力掩护登陆输送队暂向西北退避；

3. 北方部队的角田航空战队速与南云机动部队会合；

4. 第3、第5潜艇战队进入警戒线展开。

发出这道命令后，山本和他的幕僚最关心的是中途岛美军还有多少航空兵力，因为这是制订下一步作战计划的主要依据。虽然日本的3艘航空母舰都失去了战斗力，但"飞龙"号还完好无损，可以用它来攻击美军的航空母舰。此外，还可进行水面夜战，或者采取别的攻击手段。但攻击美军岸基航空兵力只能依靠机动部队。从友永机队要求对中途岛实施

▲ 美军航母甲板上的引导员正引导飞机降落。

第二次空袭看，第一次攻击不会很成功。山本因此担心，如果不立即摧毁中途岛的航空基地，美国人可能从夏威夷调去更多的飞机，这样的话，占领中途岛就更难了。

此时，黑岛海军大佐建议，派一支水上部队乘着夜色炮轰中途岛。山本采纳了这个建议，命令离中途岛最近并有高速军舰的近藤海军中将的部队主力去执行这一任务。山本还决定，把原定的中途岛和阿留申群岛的登陆作战推迟到歼灭美军航空母舰部队以后。按照这些决定，山本于13点10分又发出新的命令：

1. 使用C号方案进攻敌船队；
2. 登陆部队派出部分兵力于今夜炮击并摧毁中途岛上的陆上航空基地；
3. 中途岛和阿留申群岛的登陆行动暂缓实施。

据当时担任第1航空舰队参谋的渊田美津雄说："使用C号方案进攻敌舰队，就是把中途岛和阿留申两地的海上部队全部集中起来，去同敌人舰队决战。"

按照山本的命令，近藤中将派其第7战队（栗田所部）前去炮击中途岛机场，各登陆输送队掉过头来向西航进。

这时，山本急切希望角田率领的另外两艘航空母舰尽快到来。可是，"大和"号于15时30分收到角田发来的电报却是："我部收回袭击荷兰港的攻击机队之后，尽速南下。6日晨，将在北纬44度40分、西经176度20分进行补给，尔后去与南云部队会合。我队4日15时的位置在荷兰港西南120海里处。"

通过战术计算，山本知道角田的部队在8日下午之前是根本不可能赶到中途岛战场的，因此他的这一打算只好作罢。

这时候，"大和"号陆续收到一些侦察机的报告。综合这些报告，联合舰队司令部对当前敌情作出了基本判断：在美舰队中至少有大型航空母舰3艘、重巡洋舰5艘、驱逐舰15艘，这是一支很难对付的强大兵力。

17时55分，山本又收到一份更为不利的电报："'飞龙'号中弹起火。"

看来这艘航空母舰也指望不上了。但山本还是不肯就此罢手，他认为南云部队、近藤部队都离敌人舰队不算很远，实施夜间决战的可能性仍然存在。夜战不仅是日本海军的传世法宝，而且在夜间美军的舰载机发挥不了作用，日本完全有战胜对手的把握。于是，山本于16时15分再下电令：

1. 敌特混编队正在向东退却，其航空母舰已基本被歼；

2. 中途岛海域的联合舰队各部务须火速前去追歼残敌，并攻占中途岛；

3. 主力部队将于6日零时到达北纬32度10分、东经175度43分水域，航向90度，航速20节；

4. 机动部队、登陆部队和先遣部队皆须迅速捕捉并攻击敌人。

接到急令后，角田少将的第2机动部队立即收拢部队，向南转向，准备南下与南云部队会合。高须中将与山本大将亦率各自的部队向南向东疾进。分散在夏威夷和中途岛之间担任警戒的10余艘潜艇也转向中途岛方向潜行。

最有可能先抵战场的近藤中将遵照山本的命令，一面指示庞大的运输舰队暂时西撤，脱离中途岛岸基飞机的火力打击范围，一面下令4艘重巡洋舰和两艘驱逐舰向中途岛疾驶，务必于当晚炮击中途岛，摧毁岛上的飞机和航空设施，以使拟定的水面船只大决战不致受到岛上飞机的威胁。同时，近藤亲率"瑞风"号航空母舰和两艘战列舰、4艘重巡洋舰及大群驱逐舰劈波斩浪，全速赶赴北面的战场。

南云部队接到的命令是，与敌人保持若即若离的距离，一俟夜幕降临，立即以全部兵力向东接近敌人，力争缠住对手，等近藤部队赶到后，合力在夜战中歼灭敌人。

大雾再度降临，"大和"号又几乎看不见其他军舰了。但是，为了争取时间，山本率领的各艘军舰都加大马力，以20节的航速在雾中穿行。这在平时是不可想象的，也是绝对不能允许的，可现在顾不得了。

命令发出后，舰桥上的人们重又充满了希望。虽然大雾遮挡得连近处的军舰都看不真切，可山本的幕僚们似乎看到，在辽阔的大洋上有无数的军舰像利箭一样，从四面八方射向美国舰队。美军必定难逃劫难。

山本像输红了眼的赌棍，一心想要在夜里捕捉美军舰

▲ 美军的 B-17 型轰炸机。

队，实施夜战。然而，日军的这一企图是不可能实现的，因为美国的航母编队已开始向东航进，日军根本追赶不上。

No.2 关键时刻的决定

日本人有理由充满信心。日本海军非常注重夜战训练，论夜战恐怕世界上没有哪个国家的海军能比得上日本人。在日本海军眼里，美国人算什么，一到夜晚，美国大兵就知道进酒吧，搂舞女，或者像猪猡一样蒙头大睡。以往几次夜战中，美国人连炮弹都装不进炮膛。

日本人对美国海军夜战能力的评价确有道理，但是他们忽略了一点：美国舰队压根儿就不想摸黑与日本人较量。扬长避短，这个道理谁都懂。因"约克城"号的损失而刚刚接手全部指挥权的斯普鲁恩斯心如明镜，自己目前的优势就在航空母舰的舰载机，这些家伙的有效打击距离远远超过任何战列舰上的巨炮。只要不让日本人的钢铁巨兽靠近身边，自己的飞机就可以像长矛一样刺穿任何一个手拿短剑的日本武士，哪怕他们的短剑锐利无比，哪怕他们的数量多于自己。

可是，这是针对白天而言的。一到晚上情况就颠倒过来。飞机在夜间如同瞎子，连起飞、降落都是问题。夜晚的航空母舰不仅毫无威力，而且是不折不扣的累赘。与那些舰体低矮、灵活机动的水面战斗舰艇相比，"企业"号和"大黄蜂"号就像两幢海上摩天大楼，耸立在太平洋夜空的巨大屏幕上。任何炮手，只要他不是白痴，对这种庞然大物都会百发百中。

尼米兹的慧眼识珠又一次表现出其价值。他在关键的战役中启用了斯普鲁恩斯，而斯

▲ 美军航母被日军俯冲式轰炸机投掷的炸弹击中后，起火燃烧。

普鲁恩斯则不负尼米兹的厚望，在关键时刻，他做出了一个正确判断。

当舰队上下得知日本舰队遭到重创正在后撤时，都一致要求乘胜追击。斯普鲁恩斯表现出冷酷和睿智。他力排众议，决定见好就收，一俟攻击"飞龙"号的最后一批飞机返航，就立即掉头向东规避。

15时43分，遥远的西边水天连接之处，夕阳最后跳跃了几下之后消失了。仅有的几道残光仿佛恋恋不舍地告诉人们，明天再见。半个小时后，美国特混舰队开足马力向东脱离了战场。

珍珠港的太平洋舰队司令部里灯火辉煌，参谋们围在海图前叽叽喳喳，乐不可支。过了不久，喜悦被疑惑所取代。海图上新标的位置表明，特混舰队没有向西追击，而是向东撤离，逐渐拉开了与日本人之间的距离。

几个性急的参谋急忙向尼米兹报告了这个情况，同时建议尼米兹紧急干预，敦促斯普鲁恩斯立即转向西面，猛追残敌。

尼米兹听到消息后，开始也有点不理解。等他仔细听取情况汇报后，逐渐明白了斯普鲁恩斯的做法。他缓缓地回答说："我相信，斯普鲁恩斯在现场的判断，要比我们在这里的判断更正确。随着时间的推移，事情的真相将会大白。我们没有资格对一个战场司令官的行动品头论足。"

事实上，斯普鲁恩斯并不想完全脱离战场，他要暂时规避一下，但又不能跑得太远，以免第二天天亮后找不到日本人。斯普鲁恩斯这样解释自己的行动说："一方面，我认为不应冒险与可能居于优势的日军部队进行夜战；另一方面，我希望第二天早晨别离中途岛太远。我部队所在的位置应该是，既便于追击退却之敌，又能粉碎日军对中途岛的登陆。另外，附近海面也许还有日本航空母舰与其登陆编队一起行动，或者在西北海面仍有出现第5艘航空母舰的可能性。"

6月6日1时整，斯普鲁恩斯停住了脚步："可以了，这段距离刚好够日本人追一夜的。等他们迫近的时候，天色就会大亮，我们的舰载机又可以攻击他们了。如果日本人不追，我们也可以在天亮前赶到中途岛，重演6月5日的那一幕。"

想到这里，斯普鲁恩斯下令调整航向，向西南方的中途岛靠近。

与山本大将期待的相反，他的夜战计划一开始就出现了许多问题。联合舰队原以为，位于战场中心的南云部队会遵令把美国舰队黏着在战场附近。未曾想，南云中将另有打算。

南云失去3艘航空母舰后，虽然备感沮丧，但"飞龙"号上山口少将的斗志仍给予他一线希望。在山口少将舰载机进行反击期间，南云向各舰发出简短的命令："舰队集合，准备前去攻击敌人。"

随后，南云率领舰队向东北方向航行了一个多小时。但是，在接近敌人的过程中，南云继续作战的信心越来越弱。他的担心并非没有道理：尽管还有"飞龙"号的舰载机可以用来进攻，但敌人已经占据了空中优势，而且还有中途岛的岸基航空兵的支援。在这种情况下，美国人肯定要和日本舰队保持一定距离，以发挥空中优势。不管怎么追，与敌人接触交战的可能性是不大的，而且还会使自己处于敌人舰载机的打击之下。

等到"飞龙"号损失后，南云认识到败局已定，他唯一希望的是避免更大的损失。但是，联合舰队接敌夜战的命令十分明确，尽管南云对此深表怀疑。从内心讲，南云和他的幕僚也与山本大将一样盼望夜幕降临，但目的全然不同。山本要利用夜幕实现积极进攻的夜战，而南云却要借助夜幕收拾残局和掩护撤退。

南云的企图虽然比山本消极得多，但似乎更加实际一些。目前出现的残局要不要收拾？如果乘夜色寻求决战，势必意味着无法顾及正在燃烧的航空母舰上的人员。夜战成功了一切都好说，倘若不成功，前进得过远的舰队将更加难以脱离危险区。最稳妥的办法应该是：乘拂晓前敌人无法前来进攻的宝贵时机，救出航空母舰上的人员，并处理这些军舰，同时尽快脱离敌人舰载机和岸基飞机的攻击范围。所有这些工作都

需要时间，如不抓紧完成，天一亮就没有机会了。

虽然人人都这么想，但却没有一个人敢站出来直言相谏。毕竟是败军之师，说出这种令人泄气的撤退意见，难免会被山本斥之为怯懦。

就在南云部队犹豫不决的时候，15 时 30 分，"筑摩"号重巡洋舰发来灯光信号："我2 号搜索机发现敌人 4 艘航空母舰、6 艘巡洋舰和 15 艘驱逐舰。敌舰队正向西航行。"

这个报告与事实相去甚远，但已经方寸大乱的南云中将宁可信其有，也不敢再次冒险了。他的脑海里只存在一幅天亮后，所有军舰会像鸭子似地浮在水面，任人宰割的可怕场景。

看着天际摇摇欲坠的太阳，南云决心不理会山本的命令。他留下几艘驱逐舰打扫战场，自己率领主力转向西北方向撤退。为了向山本解释自己的意图，18 时 30 分，南云向"大和"号发出报告："敌人兵力共有 5 艘航空母舰、6 艘重巡洋舰和 15 艘驱逐舰。敌人正在西进之中。我军正向西北撤出，航速 18 节。"

"南云部队不打算夜战了！""大和"号舰桥上神情极度紧张的宇垣缠参谋长发出低沉的声音，布满血丝的双眼露出可怕的愤怒。

"这是怯战，是逃跑！"一个参谋脱口向山本喊道。山本一声不吭，挥手制止了手下参谋的咆哮。他沉吟了片刻，抬头问道："近藤部队是否已经接近白天的战场？"

得到肯定的答复后，山本尽量控制住情绪，用和缓的口气吩咐说："通知近藤中将，从现在起由他统率全部夜战部队，包括南云的第1机动部队。"

南云中将被剥夺了指挥权，这在太平洋战争爆发以来还是第一次。接到山本的任命后，近藤信竹深感震惊，随即就开始履行新的权力。20时40分，近藤毫不客气地给正在率领舰队西撤的南云发去一份生硬的电令："你部除正在从事救援任务的驱逐舰之外，立即向东回航，参加夜战！"

No.3 山本痛下决心停战

夜色笼罩着太平洋，联合舰队司令部成员们仍然聚集在"大和"号舰桥上。夜晚已经过去了一半，怎么还没有抓住敌人？莫非美国人真的在向东回避？

他们不时看看手腕上的手表，"滴滴答答"的表针似乎比以往跑得快。再等一会儿，也许马上就会传来"发现敌人舰队，正在炮战"的消息。

东方发白，远方的海天相接处现出一抹曙色。中途岛海战已经进行两天了，这是第三天的开始。惊魂未定的山本心里清楚，这场血战已经临近收场，他的作战计划如一场幻梦般破灭了。联合舰队4艘庞大航空母舰的残骸已陷入海底，几千名官兵的尸体也已成为太平洋里鲨鱼的佳肴。幸存的官兵们都如惊弓之鸟，胆战心惊。美国还有两艘火力强大的航空母舰与他抗衡，对手的海空力量由于临近基地，而源源不断地得到补充和支援。山本远望着海上漂浮的一具具被击毙的日军血尸，瞪着无奈的眼睛，由于内心的痛苦，脸上的肌肉抽搐不止。

海军军令部连续不断地收到惨败的电讯。永野海军大将越来越担忧中途岛战局的发展。"赤城"号被炸沉，"加贺"号和"苍龙"号继之也遭到同样的命运，旋即又传来"飞龙"号的噩耗，山口和加来舰长与母舰一同"玉碎"……永野大将和他的幕僚们预感到这场海战的失败已成定局。特别是当初对山本将军的作战计划持反对态度的人，这时无不幸灾乐祸，但他们又隐隐地痛惜，山本五十六的一步错棋很可能把日本全部海军家当都输给美国人，永野何尝没有这种忧虑。他担心的不只是作战的延缓和4艘航空母舰的折戟沉沙，最怕的是，山本为了挽回败局，一味蛮干，孤注一掷，动用全部的兵力，去跟美国人当前压倒优势的海空力量较量。但他又不情愿横加干预，也不想下达一个强制撤退的命令，因为不仅军令部的人，甚至连裕仁天皇和东条英机都怀着一种转败为胜的侥幸心理，默默地盼望着，凭着山本几十年海上作战的丰富指挥经验，或许能扭转战局。

　　可是，联合舰队旗舰"大和"号上的参谋都意识到，中途岛一战已成定局，帝国海军彻底败阵了。但是人们看着山本将军那副硬拼到底的神色，没有一个人敢于建议全军撤退。与东京方面军令部的人们相似，都巴望着司令长官在此千钧一发中，能够做出明智的决定。

　　岂不知，世界上从来没有常胜将军。胜败固然乃兵家的常事。这次帝国联合舰队不仅败得太惨，而且出人意料。山本原来的作战企图是出敌不意，突然袭击，创"第二次珍珠

港"的奇迹。但是两天来的作战实践表明，美国人完全事先有所准备，以巧制胜，以智夺敌，空军发挥了近乎神奇的作用。联合舰队就好像是一个没有上过阵的鲁莽士兵，昏头昏脑地闯进埋伏圈，被人打得鼻青脸肿。

　　山本站在"大和"号的舰桥上，上衣被热汗和海水打湿了。他极力装得十分镇静，用布满血丝的眼睛盯着大家："你们快说说看，还打不打？要打，怎么打？"

　　一位航空参谋建议，用"瑞风"号和"凤翔"号两艘轻型航空母舰上那些数量不多的飞机，加上战列舰、巡洋舰上的全部水上飞机凑成一支临时航空突击队，全力以赴，攻击敌人的舰队，最后一搏。

还有一位机炮参谋主张可由近藤将军部队的重巡洋舰，对中途岛进行黑夜炮击。他认为，如果使用足够数量备有大口径火炮的军舰，完全可以对中途岛上敌空军设施，致以摧毁性的打击。

可是联合舰队旗舰"大和"号上的参谋人员都意识到，中途飞机前去攻击敌舰，必然使得联合舰队后方空虚，失去保护力量。如果机群飞出后，联合舰队残余舰只遭致敌机反击，

◀日本一艘战舰被击沉后，冒起弄弄的黑烟。

▶从望远镜里看到的远处的美军航母。

那只能束手待毙了。至于用军舰去攻击敌人岸基设施，那是愚蠢到家的设想。战列舰上的炮火固然比较强大，但很可能尚未抵达中途岛之前，就遭致敌机和潜水艇的截击。岂不等于自投陷阱？

这只能说明，七嘴八舌的主战者生怕为此次的溃败承担罪责，因而要孤注一掷，争取一个挽回面子的机会。就像身遭灭顶之灾的溺水者，拼命想抓住一根救命稻草。在此千钧一发的关键时刻，如果再走错一步，整个联合舰队的官兵和海空力量，就势必要全部陷进太平洋几百米深的泥沙里了。

与愈发急躁的参谋们相反，身为参谋长的宇垣缠反而冷静下来。现在是6月5日22时，

▲ 暮色降临，美国海军舰艇编队向预定地点航行。

离天亮只有3个多小时了，看来夜战的可能性越来越渺茫了。白天一到，日军将失去全部优势，处于美军舰队的直接威胁之下。

想到这，宇垣认为必须提醒一下山本："长官，我们似乎应该考虑一下天亮后的行动了。"

山本轻轻地点了一下头。宇垣缠马上吩咐："别让夜战部队追得太远，以免天亮前后出现情况时，我们无法控制。"

这实际上等于是放弃夜战的另一种婉转的说法。

宇垣是对的，可手下的参谋们实在不甘心就这么结束。他们拼命地想方设法，要从失败中捞回一些东西，简直就像抓住稻草的落水者一样。

一直没有说话的首席参谋黑岛大佐，没有心思听旁边的人在吵吵嚷嚷地议论。他走上前去，对山本提议：虽然夜战不大可能了，但明天天亮后，包括山本、南云、近藤以及高须的4支舰队可以合兵一处杀向中途岛，用所有战列舰、巡洋舰和驱逐舰的大口径火炮，把中途岛掀个底朝天。

山本平淡地听完建议后，和颜悦色地说道："非常理解各位的心情，但是，现在进行这样的作战为时已晚。下棋的时候，过多的拼杀会造成满盘皆输。"

宇垣早就烦心透了。听到参谋们乱吵吵，他再也忍不住，大声叫嚷起来："你们懂不懂，用军舰去进攻陆上堡垒是多么愚蠢！你们想到没有，敌人的航空母舰仍在中途岛附近，岛上还有相当强大的航空兵力！即使是威力强大战列舰，也会在发挥火力之前就被航空母舰的舰载飞机和岸基飞机打得一败涂地。主张这样蛮干的人纯粹是混蛋！"

一顿劈头盖脑的怒斥，宇垣憋了许久的恶气总算泄了出去。他坐下来喃喃自语："即便不能发动攻势，我们也没有输掉整个战争。"

不知是谁突然咕哝着反问道："那么，我们该怎么向天皇陛下交代呢？"

"大家无需担心，这件事由我来办。向天皇陛下谢罪是我个人的责任。"山本的话使大家明白了，司令官已经放弃了任何进攻的念头。

6月5日，对山本来说，可以说是他戎马生涯中最不幸、最痛苦的一天。他被迫发出他最不愿意发出的命令："我以大日本帝国联合舰队司令长官的名义，命令舰队停止作战行动，撤回本土。"

当时，在"大和"号下层舱的作战指挥室里，参谋人员们正彻夜守在铺有一张海图的大桌子旁，紧张而不安地等待着战局的发展，生怕再继续打下去。听到山本最后下达的命令，他们禁不住松了一口气。是的，再不能打下去了，"大和"号附近已经发现了敌潜艇，如果被美国人端了老窝儿，群龙无首，战局前景不堪设想。

5分钟后，即6月5日2时55分，联合部队总司令发出一道命令：

1. 取消中途岛战役。

2. 中途岛登陆部队和航空母舰第一进击部队（缺"飞龙"号与其护卫各舰），立即集结起来，各部队必须在6月6日上午在北纬33度、东经170度处汇合。

3. 外围部队："飞龙"号及其护卫各舰和"日新"号必须在指定时间赶到上述位置。

4. 运输舰大队须向西开进，迅速摆脱以中途岛为基地的敌机。

这是日本帝国77年来海军史上第一个宣布彻底失败的命令，而这个命令又是由日本海军界威望和声誉最高的山本五十六发出的。不久前，山本在军令部挥舞着拳头的吼声，如今变成了一场轻举妄动的噩梦。

同时，要把分散的日本部队集结起来并使它们从现在仍然受到威胁的地区内撤退出来，还是一项艰巨而冒险的任务。

第九章

战争转折点

　　山本五十六躲在船舱办公室里，三天拒绝会见部下。南云忠一中将几次企图自杀，都被部下劝阻……美国海军作战部长金上将说："中途岛海空战是日本海军 350 年以来的第一次决定性败仗，它结束了日本的海上攻势，我们恢复了太平洋海军力量的优势。"……太平洋舰队司令尼米兹海军上将在 6 月 6 日的记者招待会上宣布："珍珠港的仇恨现在得到部分雪耻了。"

No.1 日本舰队狼狈撤离

几乎在山本发布命令取消中途岛战役的同时，日本部队又触了一次霉头。接到撤退命令的时候，栗田健男少将率领的第7巡洋舰战队的4艘重型巡洋舰距中途岛只有不足100海里了。经过黄昏和大半夜的高速航行，这几艘日本海军中最新最快的巡洋舰已经把驱逐舰抛在很远的身后。栗田少将知道，要想避免天亮后美军岸基飞机的轰炸，就必须在拂晓前赶到中途岛，并毫不延迟地展开炮击。如果能乘暗夜消灭岛上的飞机，或者摧毁岛上的机场跑道，那么，自己的舰队就可以免遭来自空中的灭顶打击。为了确保这一目的能够实现，栗田少将还做了万一炮击失败，就派各舰水兵敢死队上岸实施强行爆破的准备。

很显然，栗田对能否完成任务，甚至能否在夜幕消失之前及时发动炮击是没有把握的，所以他才不顾一切地向东疾进。午夜刚过，栗田得到要他立即西撤，脱离中途岛的新命令时，又气又恼。早知今日，何必当初。现在要全身而退，谈何容易！

栗田趴在海图上略一计算，天哪！向东距中途岛仅仅几十海里了，向西到敌机攻击圈的边缘却有500海里。这段距离足够跑一天多的，这期间巡洋舰将始终受到敌机威胁。

栗田真后悔自己执行命令怎么那么坚决，如果放慢东进的速度，也不会处在目前这种绝境。

现在不是骂娘的时候，离日出仅有1个多小时了，必须抓紧时间向西撤退，哪怕多离开中途岛一海里，也等于多了一分生存的希望。

"后队变前队，立即返航！"栗田一声令下，各舰在黑暗中急剧掉头。忙乱中，排在后面的"最上"号未能看见微光定向灯的信号指示，继续前行，结果与前面正在转向的姊妹舰队相撞。一声巨响过后，"最上"号的舰首部分被撞掉，另外一艘姊妹舰也受了轻伤。

真是"越渴越吃盐"。栗田急忙了解情况，得知"最上"号仍能维持12节的航速后，迅即下令，由刚刚赶上来的两艘驱逐舰负责掩护"最上"号西撤，自己率领另外两艘巡洋舰继续向西北与山本大将会合去了。栗田别无选择，既不能抛下"最上"号不管，也不能让更多的军舰去冒一起殉葬的风险。

栗田走了，渐渐亮起来的海面上留下了4艘缓慢爬行的军舰，它们只能以12节的速度向西逃跑，这是"最上"号的极限速度。等待它们的是随时都会追上来的飞机和军舰。

日出后不久，山本部队便和近藤率领的部队彼此望见了。到了7时它们已经会合，从中途岛西北320海里处转入西北的航向。

此时，南云所辖的分散的各舰继续向西北撤退。从清晨以来，它们就接到停止中途岛

◀日军栗田健男海军少将。

作战的命令，奉命向主队集结。按照计算和计划，南云应在此时此地和联合舰队会合。当发现他还没如期来会时，山本派出"凤翔"号上的一架搜索机去寻找。果然在东北约40海里处找到了。于是，到了11时55分，绝大部分的南云军舰都已集结，并与其他部队会合。集合起来的阵容比起出发时的情况就大不相同了。大型航空母舰连一艘也没有剩下来，驱逐舰只有半数在场，其中有6艘派去护卫受伤的航空母舰了。

山本从旗舰上看出去，整个舰队充满了凄惨的景象。

舰队会合后，当天下午，从各驱逐舰上把各母舰幸存者进行转移。装载幸存者的各驱逐舰立刻把伤员往战列舰"陆奥"号、"长门"号、"榛名"号和"雾岛"号上搬运。转移工作很困难。风浪大作，使驱逐舰不能靠泊于战列舰。舰队只好停航，用汽艇穿梭往来盘运，其中重伤员还得用担架。工作一直继续到黑夜。暗云四垂，一颗星星也看不见。战列舰的病房和住舱全挤满了，绝大部分伤都是灼伤。

东边水天线上，一轮红日突破密集的云层，一跃跳出了水面。6月6日来临了。不过，至少在天刚刚放亮的时候，美国人并没有敢奢望对手会全军后撤，他们脑子里旋转的是如何对付日本人新的一轮进攻。

中途岛上的所有守军又像前一天一样紧张起来，斯普鲁恩斯的特混舰队也在疾速向中途岛靠拢。岛上和舰上的搜索机早早就撒了出去，以便尽可能早地发现来犯的日本舰队。总之，在美国人看来，他们仍然是防御的一方，尽管局势已经大大缓和了。

不过，这种担心没有持续多久，中途岛的岸基搜索机首先发现了正在蹒跚着向西撤退的"最上"号等军舰。紧接着，不同方向的搜索机也相继发来了令人鼓舞的报告：

日本舰队已经离开了昨天的位置，而且都是背对中途岛。

毫无疑问，日本人不打算进攻了，他们正在逃跑！于是，美国特混舰队和中途岛的岸基飞机立即向西展开了追击。

真怪，头一天防御的时候，美国人虽然也有表现不好的时候，但毕竟把握住了胜机。可是事隔一夜后，当美国人转入进攻时，其表现却很难让人恭维。

从上午5时起，中途岛上的指挥官把所有剩下的飞机全部派出去攻击落在后面的"最上"号等4艘军舰，但在一天内连续多次的进攻中，美国人除一架被击中着火的飞机摔落外，没有一颗炸弹命中目标。日本人的军舰仍然继续向西航行，直到夜幕再次将它们包裹起来。

这一天，斯普鲁恩斯的特混舰队毫无收获。整个6日上午，斯普鲁恩斯都在为难：处于中途岛北面的特混舰队既可以挥师西南，去收拾"最上"号等被认为是战列舰的目标，也可以进一步向西北追歼南云部队的残部。后一个目标似乎更诱人。此外，西南面的那几艘受伤的军舰已经有中途岛的飞机去攻击了。权衡再三，斯普鲁恩斯下令向西北追击。

12时45分，"企业"号和"大黄蜂"号的54架轰炸机离开舰队上空，前去进攻只知道大体方位的南云部队。但这一天，退却中的南云部队非常幸运，他们的上空始终笼罩着大片低垂的云层。有好几次，舰队都听见头顶上"隆隆"的飞机声，不过都是"只闻楼梯响，不见人下来"。

美国飞机返航途中，有几位飞行员发现了海面上有一艘孤零零的"巡洋舰"。其实，这是奉命前去处理"飞龙"号航空母舰的"谷风"号驱逐舰，完成任务后正在掉头追赶大部队。这次美国飞机没有想到跟踪驱逐舰去寻找其他日本舰队，而是迫不及待地展开猛攻。13时36分，第一批6架俯冲轰炸机像老鹰抓小鸡似的从天而降。一个半小时后，第二批26架俯冲轰炸机再次展开围攻。15时45分，第三批6架又一次光临。没有任何火力威胁，飞行员就像演习一样，轻松地投弹，并互相逗笑：

"看那狗日的起火！……再揍那狗娘养的……把它们全都揍下来……你的炸弹果然击中了它。伙计，棒极了……让我们来干它一两艘驱逐舰……打这些鬼子就像瓮中捉鳖，容易得很。"

接着，说话的人语调略带忧伤："哎呀，再有一颗炸弹就好了！"另一架攻击飞机显然是没遇到过高射火力的威胁，它的飞行员轻蔑地说："小日本用弹弓是打不到你的。"接着大喊一声："东条你这个狗东西，把别的也派出来吧，老子照样把它们都收拾掉！"

谁都不怀疑"谷风"号必死无疑，只有舰长胜见基中佐力图死中求活。他操纵军舰左冲右突，时而加速猛冲，时而倒车急退，有时干脆急刹车一动不动。空中的美国飞行员误以为军舰又会机动规避，自以为聪明地把炸弹投到想定的提前位置上，结局自然是大上其当。

眼见中佐没有单纯躲避，加上所有火器不停地开火，连对水面舰艇作战用的主炮也尽量向空中射出一颗又一颗的枪弹。一些美国飞机返航后发现，机身上有许多小弹孔，那肯定是日本水兵用机关枪扫射造成的。

美国人走后，"谷风"号检查伤情，除了一颗靠近弹爆炸造成的轻微损伤外，军舰居然安然无恙，而且还击落了一架俯冲轰炸机。事后，"谷风"号备受赞赏，由于它的吸引，敌人的大队机群未能发现就在附近集结的日本舰队主力。

6月6日白昼的大好时光浪费了，美国人当天的追击未能取得任何值得称道的战果。斯普鲁恩斯站在舰桥上等待着他的战鹰顺利归来。"大黄蜂"号的飞机在日落时已经降落完毕，"企业"号的飞机还不知在何处游荡。斯普鲁恩斯决定，冒暴露位置的风险为飞机导航。整个舰队奉命打开全部灯光，巨大的探照灯光柱在夜空中交叉扫射，海面上一片通明。正在寻找航空母舰的飞行员们犹如发现海市蜃楼那样欣喜若狂。飞机全部回收后，斯普鲁恩斯告诉手下："请别打扰我的睡眠。"很快就酣然入睡。

按照他临睡前的指示，特混舰队把航向由西北改向正西。"今晚睡个好觉，明天天亮后，我们再去收拾西南面的敌人。"

这个转移进攻矛头的命令意味着西北面的日军主力摆脱了追击，同时也意味着"最上"号等4艘军舰成为美军的打击目标。

No.2 编造谎言的御前会议

6月7日这一天原本是攻占中途岛的"N"日。清晨，山本照常乘电梯来到"大和"号舰桥。离开中途岛600多海里了，舰队主力已经脱离了美国岸基飞机的攻击范围，即使美国舰队追上来，浓雾也为整个舰队提供了很好的掩护。胃病发作、神经衰弱的山本唯一担心的是"最上"号等军舰的安全，如果能熬过今天，撤退就算成功了。

两艘旗舰并肩而驶，"大和"号和"长良"号的桅杆上飘扬着山本和南云的将旗。在战争爆发后的几个月里，这两面将旗一直在太平洋上飞扬跋扈，所向无敌。如今，舰队辉映着惨淡的落霞，甲板上扩音器里也已停止广播《海军进行曲》，只顾灰溜溜地向西北方向溃退。海面上空气中弥漫着呛鼻孔的血腥味，是那些浮在浪头上的死尸向撤退的残部告别，死亡的告别。

至此，联合舰队共损失 4 艘航空母舰、1 艘重巡洋舰，另有 3 艘巡洋舰和驱逐舰受伤，共被美军击落 332 架飞机，占全部舰载机一半。死亡 2,800 余名官兵。负伤的人数更多，各战列舰上的病舱和卧舱里躺满了伤员，过道上也横七竖八地躺着烧伤的官兵。有的伤势过重，奄奄一息，无法挽救，为了减轻舰船的负荷，只好忍痛把重伤员抛进大海。

3 时 30 分，山本得到报告："发现敌舰载飞机 2 架。"

此时，山本率领的联合舰队已经远离中途岛 600 余海里，而美舰却尾追不舍。山本意欲杀个回马枪。他拼凑了大约 100 架飞机，企图诱敌深入，待美国舰队追进威克岛岸基航空兵 50 架中型轰炸机的作战范围之内，再发起反击。6 月 6 日下午 3 时，山本发出作战命令："在本地区作战的联合舰队各部队，就在威克岛航空兵攻击范围内接触并歼灭敌机动部队"。

可是，斯普鲁恩斯已经料到了山本这一手，他压根就没有打算再远追下去。当日 4 时 59 分，"大黄蜂"号的 26 架俯冲轰炸机在 8 架战斗机的护卫下出发了。斯普鲁恩斯过于谨慎了，他的 8 架战斗机根本无需起飞，因为目标上空不存在日本飞机。

找到那几艘军舰太容易了，它们取最短的直线向西逃跑，根本没有时间在海上做较大

▼ 日本天皇正在召开御前军事会议。

▲ 美国太平洋舰队总司令尼米兹（右）领导美军打赢了中途岛一役。

范围的迂回。因为那样做虽有可能增加被美国飞机漏掉的机会，但同时也意味着自己要在敌人飞机的威力圈内停留更多的时间。

不到两个小时，俯冲轰炸机就在中途岛以西500海里处抓住了目标。海面上一大片油迹在阳光下泛出显眼的光芒，隔很远就能发现。在接下来的战斗中，"最上"号两处中弹，一颗炸死了炮塔上的人员，另一颗命中了军舰的中部，炸坏了鱼雷发射管。多亏舰上的消防军官有先见之明，在前一天不顾舰长的反对，把鱼雷和深水炸弹，以及所有易燃易爆的物品全部抛入大海。他这样做的理由很简单：我们现在是在逃命，而不是进攻！由于舰上没有可爆炸的物品，"最上"号虽然多处中弹，但未能引发致命的连锁爆炸。

与特混舰队的海军航空兵相比，中途岛上的陆军航空兵除了凑热闹外，别无建树，反而给这场战斗留下了一个大大的笑料。

上午将近8时左右，中途岛上陆军航空兵的26架B-17"空中堡垒"型轰炸机全部出动，打算好好地显一下身手。然而，这群"笨蛋"在空中遨游了半天，竟然没有发现目标。返航时，其中6架B-17轰炸机欣喜地发现下方有一艘军舰。飞行员们忙不迭地把携带的20颗重达450千克的大家伙悉数扔了下去，然后就报告说击沉了一艘巡洋舰，因为目标在15秒内就沉没了。

一艘巡洋舰在15秒内沉没，这真是天下奇闻。稍有点常识的海军人员都知道，别说20颗炸弹，就是40颗炸弹全部命中，也不可能出现这样的结果。

当得意洋洋的B-17轰炸机消失之后，美国潜艇"茴鱼"号方敢再次露出水面。艇长奥尔森少校站在舰桥上，对着东方破口大骂："这些王八蛋！放着日本人不打，专门对付海军。要不是老子在15秒内紧急下潜，要不是这些笨蛋准头太差，我的潜艇准会完蛋！"

夜幕又一次笼罩了太平洋，斯普鲁恩斯的特混舰队又一次掉头向东。这次不是为了规避，而是要班师回营。斯普鲁恩斯不想再追了，再追就超出了中途岛岸基飞机的警戒范围，同时也将进入威克岛日本岸基飞机的范围。特混舰队的任务是保卫中途岛，而不是进攻日本人占领的岛屿，那是以后的事。

斯普鲁恩斯见好就收，山本失去了最后扳回的机会。

当"企业"号上的人意识到战斗已经结束时，全舰上下一片欢乐。经历九死一生的海军上尉林赛说："我们的许多朋友都牺牲了。不过在战斗结束后，参战的人发现自己还活着，还能再干它一阵子，还能和伙伴们一起喝上几杯，就有一种欣慰之感。"

在中途岛海战中，美方损失1艘航空母舰、1艘驱逐舰和147架飞机，死亡307人。日本损失4艘航空母舰和1艘重型巡洋舰，伤1艘战列舰、1艘重型巡洋舰、一艘油船和3艘驱逐舰，52架飞机被击落，另有280架飞机随舰沉入海底，死亡3,507人，其中包括几百名训练有素的海军飞行员。美国海军以少胜多，取得了决定性的胜利，日本海军遭到空前的惨败。经此一战，太平洋上的主动权开始逐步转入美国人手中。日本被迫完全放弃了对斐济、萨摩亚、新喀里多尼亚岛的进攻计划。

6月6日上午9时，日本东京霞关大本营海军部。不到40平方米的作战室里一片寂静。人们反复翻阅一个小时以前接到的电报。电报并没有看错，4艘航空母舰确实被击沉了，原来准备好的庆祝美酒已经喝不成了。

开战初期，海军军令部长永野修身的豪言壮语是："两年以内没有问题，两年以后说不准。"到现在，不到半年就已经开始不乐观了。

日本联合舰队司令长官山本五十六躲在舱房里，三天拒绝会见部下。南云中将在长门号舰上严厉自责，几次企图自杀，都被部下劝阻。

东京的海军参谋本部害怕丢脸，虚报战绩。6月10日，广播电台和报纸发布大胜利的消息，宣称这次中途岛海战，日本帝国海军被美国击沉1艘航空母舰，1艘重伤，还有1艘巡洋舰重伤，损失飞机35架。美国则损失了2艘航空母舰，120架飞机。

6月6日下午，对中途岛一直满有胜利把握的东条英机，邀请德国和意大利两国武官在多摩川地区举行乘马会。正在游乐途中，参谋次长田边盛武驱车匆匆来到他跟前，告诉他中途岛遭受惨败的消息。

此前，海军军令部也获悉联合舰队惨败的消息。由于事情重大，无人敢向天皇报告。直到次日天皇垂询中途岛方面的战况，永野才吞吞吐吐报告了详情。天皇听毕，目瞪口呆，长久说不出一句话来。

3天后，天皇召集御前会议，讨论对策。参谋本部次长田边盛武陆军中将埋怨道："海军在战略上犯了一个大错误，遭受了不应有的惨败。"

东条英机也说："海军不听陆军的劝告，硬要打这一仗，否则怎会弄到这般境地？"

永野等海军官员对陆军骄傲蛮横、幸灾乐祸的态度不满。但因为战况确实不容乐观，只好耐着头皮听着陆军的指责。

良久，天皇叹了一口气说道："既然事情已经发生，这也不是海军的本意，就不要相互责难了，陆海本是一家，应精诚团结为要，"他目视永野继续道，"朕所望者，乃盼海军士气不要因此而低落，变得无所作为和被动，应继续干下去。"

永野等海军将领听后，忙答："海军全体将士愿为帝国和陛下效命沙场，虽死而无憾！"

天皇满意地点点头，又问："如何向国民交代这次作战的结局呢？"

东条忙上前回答："现在我们的将士正在各地战场上艰苦奋战，切不可把此消息泄露出去，否则会影响士气。"

永野也觉得将消息传出去与海军声誉大为不利，忙附和东条说，事情还是要绝对保密为好。

天皇问："怎样将战果公布给国民呢？"

东条道："将战果大致情况发布一下，应付应付就行了。"

天皇赞同道："也只能这样办了。"

天皇转头又问永野："联合舰队不日将返回本土，以军令部名义通知舰队全体将士，

▼被美军击沉的日本驱逐舰

就地休整，不许擅自行动。在横滨郊外的横须贺港专门腾出一所医院，收治中途岛作战负伤将士，并严格警卫，不得任何人与他们接触，直到治愈创伤，恢复精神，归队为止。"

永野应答："臣即刻办理。"

天皇转身又对东条道："陆军可协助海军完成此项任务。"

东条答："陛下勿虑，我将即派宪兵维持海军岸上基地的秩序，但请海军合作。"

永野深知天皇及东条之意，却又无可奈何，遂说："海军一定配合。"

遵从东条英机和天皇的指示，中途岛海战中被击沉的航空母舰和巡洋舰上幸存的日本士兵，一踏上日本的土地，立即被软禁在鹿儿岛基地，不许和任何人见面。伤员也是在夜间被送往医院。其他的人，一律不让休息，匆忙被派到太平洋上其他基地去。对那些从沉没舰艇上死里逃生的官兵们集中管理，不准自由行动。一些随军记者回来后，也被无理禁闭，不允许向外界透露中途岛海战的真实消息。

东京电台和《每日新闻》大肆吹嘘，联合舰队一举攻占阿留申群岛，击沉美军航空母舰2艘，击落美机120多架，战果赫赫，胜利空前。又以"节约报国"为借口，不准东京市民举行任何形式的庆祝会和提灯晚会。

在中途岛战役中侥幸生还的渊田美津雄后来在他的回忆中写道：

当战斗进行之际，我在"赤城"号上面受伤了，然后移到医院船"响川丸"送到横须贺海军基地去。到晚上街上没有人的时候方才把我送上岸。我被放在裹得严严的担架上从医院后门抬进去。我的病房是完全孤立的，不许任何护士或看护兵进来，而我也不许和外界交流。所有在中途岛的伤员全都与外界切断了联系。这实际上是以医疗为借口而实行禁闭，使我有时觉得自己是个战俘。

不用说，所有涉及这次战斗的文件性材料全被列为"绝密"。以这些材料为依据的作战后的报告之起草工作也受到极其严格的限制，至于写成的报告在整个战争期间也都是一点不透风的。在日本投降前夕，几乎所有这些文件全都烧毁了。

但无论日本当局怎样千方百计地粉饰，那2,000多名日本官兵已经尸沉太平洋的泥沙里，永远不能回到故乡了。

No.3 珍珠港部分雪耻

一边是地狱里的悲鸣，一边是尽情的欢呼。6月6日凌晨，据中途岛海域美军侦察机报告，发现在中途岛以西的所有日军舰队，都在集中向西移动。侦察机观察到的情况，证实了夏威夷情报站事先通过测向电台得到的消息，日军不是在组织战斗，而是全线后撤。据飞机在空中报告，从中途岛向西行进的两艘巡洋舰，后面拖着两条明显的油迹，可能是被炸伤了。一切迹象表明，日军舰队像一条被猎枪打伤的野狼，夹着尾巴逃跑了。

喜讯传到夏威夷，传到太平洋舰队作战指挥室里，指挥官和参谋人员们顿时群情振奋，欢呼雀跃。几天来彻夜不眠，紧张工作，现在他们终于可以围坐在一起，嘻嘻哈哈地闲聊起来了。

此时，前线的斯普鲁恩斯将军在收到侦查报告后，明确了日本舰队确实放弃了进攻中途岛的作战计划，全线撤退了。

"我代表第16特混舰队请示将军，要不要追击？"斯普鲁恩斯在无线电话中喊问。

"我命令，不准追击。"

在尼米兹将军看来，现在不是穷追猛打的时候，尽管日军损失惨重，但目前还具备反击的实力。冒险追上去，说不定会遭到伏击。目前必须谨慎行事，以按兵不动为好。尼米兹随即向参战部队发出祝贺电："参加中途岛战斗的官兵们，你们在历史上写下了光辉的一页！我为你们感到骄傲，我相信你们将在来日的战斗中继续全力以赴，彻底打败敌人！"

当天太平洋舰队的作战纪要也乐观地记载："今天是日德兰海战以来最大规模的海战，如果战局真的像已经显示的那样，可以说日本自开战以来的扩张已经结束了。只是我们损

▲ 这两幅图再现了中途岛战役结束后，美军水兵庆祝胜利的场景。

失了大批有经验的飞行员，现在还无法得到补充。"

稍晚，华盛顿海军部部长金海军上将给尼米兹拍来一份祝捷电报。电报全文用英语广播，美国全国、太平洋舰队，以及正在向日本败退的联合舰队都能在无线电里收听到："太平洋舰队、海军陆战队、航空队和海岸警卫队官兵们，我对你们在中途岛海域英勇卓绝的作战，表示极大的钦佩，对死难者表示沉痛的哀悼，相信他们英勇而果敢的行动会使敌人认识到，侵略意味着溃败和死亡……"

这时候，尼米兹将军吩咐赶快拿来冰镇香槟酒。他兴致勃勃地来到司令部作战指挥室里，身后跟着一位副官，抬着装有两打冰镇香槟酒的箱子。尼米兹笑容满面地对参谋人员们说："来吧，请你们喝个痛快吧！谢谢上帝，它协助我们保住了中途岛！"

于是，尼米兹将军和幕僚们一起举杯祝捷。在欢声笑语之际，有人提议，快把罗彻斯特请来一起干杯，没有他当初破译有关"AF"的电报密码，就不会有中途岛的胜利。尼米兹很同意，立即派车去请那位破译密电的老手。罗彻斯特是一个幽默爽朗的老军官，他以为司令部有紧急任务，连拖鞋都未及换，就乘车前来了。

这位老军官走进作战指挥室里，严肃地打了个举手军礼，用洪亮的声音大喊："太平洋舰队电信情报站海军中校罗彻斯特前来接受任务，请尼米兹将军下达命令。"

破译老手搞得在场的人哈哈大笑。尼米兹告诉他，战斗任务已经结束，现在是大家聚在一起干杯祝捷的时候了，并当众表扬他："罗彻斯特中校为这次战役立了大功。现在我提议，为他卓绝的工作和才能而干杯！"

罗彻斯特干了一杯后，爽快地表示，他作为一个译电员，只完成了上级交给的任务。

中途岛的胜利，首先应该功归夏威夷情报站的全体成员和太平洋舰队的全体官兵。尽管尼米兹给予罗彻斯特高度评价，并为他请功，但是由于他的孤僻性格和同僚的嫉妒，加之金上将认为在华盛顿、珍珠港等地从事密码工作的人有成百上千，不应过于突出某一个人，所以这位功臣并未获得应有的荣誉。直到44年后的1986年，美国海军部才向已经去世的罗彻斯特追授国会勋章，以表彰他在中途岛战役中所做出的卓越贡献。

6月13日，弗莱彻将军率领第17特混舰队返回珍珠港。几小时后，斯普鲁恩斯将军也亲率第16特混舰队胜利返回基地。部队相继进入港口时，司令部升将旗表示欢迎致敬。尼米兹将军及其参谋部成员们在军港上迎接，并登上旗舰与指挥官和水兵们握手，感谢他们取得辉煌的战绩。舰队凯旋归来后，官兵中有的晋升一级军衔，有的荣获一枚银鹰军功章。

是日，珍珠港一片欢腾，美国姑娘们邀请海军官兵在码头上露天跳舞。码头酒吧和餐馆老板们送来大批威士忌、香槟酒和白兰地，免费供应官兵们。市区一带也沸腾起来，装饰着鲜花的汽车和吉普车尾上拴着一条长绳，绳子上系满了酒瓶子，在马路上风驰电掣地跑来跑去。人们叫着，笑着……自从半年前珍珠港被日军偷袭后，美国人民从不轻易地流露出这种近乎疯狂的热情。可现在他们意识到，中途岛一战之后，太平洋舰队要反攻了。

当天，尼米兹发表了著名的广播演说：

在中途岛海战，我军各路官兵奋勇战斗，忠于职守，取得了巨大胜利。公民们现在可为之而欢欣鼓舞了。

就在半年前的一个星期天，日本人破坏了和平，公然向我瓦胡岛的舰队和陆军设施进行突然袭击……珍珠港的仇恨现在得到部分雪耻了。

最后日本海军打得完全失去战斗力，才能证明我们彻底地复了仇……我们在这方面已经取得了初步的胜利，日本鬼子已经感到了死亡的威胁，他们还会继续不安、恐惧和发抖。这是全能的上帝对他们严厉的惩罚！

罗斯福总统以一位成熟政治家的口吻，在致英国丘吉尔首相的电报中说："我们在太平洋的作战进展顺利。"丘吉尔当即发来贺电，说："美国这一值得纪念的胜利，不仅对美国，而且对整个同盟国的事业都有重大的意义。对士气的影响是广泛而及时的。这一胜利扭转了日本在太平洋的优势。曾经使我们整个在远东的努力遭到挫败达6个月之久的敌人所炫耀的优势，现在已经一去不复返了。"

至此，太平洋战争胜利的曙光，已经闪现在美军的头上。

▲ 画家笔下的日军航母遭受攻击的场景。

图书在版编目（CIP）数据

搏杀中途岛 / 二战经典战役编委会编译 . — 北京：
中国铁道出版社，2015.7（2022.1 重印）
　　（时刻关注）
　　ISBN 978-7-113-20464-8

Ⅰ . ①搏… Ⅱ . ①二… Ⅲ . ①太平洋战争－海战－
通俗读物 Ⅳ . ① E195.2-49

中国版本图书馆 CIP 数据核字（2015）第 117763 号

书　　名：搏杀中途岛
作　　者：二战经典战役编委会

责任编辑：田　军　　　　　　　　电　话：(010) 51873005
编辑助理：刘建玮
装帧设计：艺海晴空
责任印制：郭向伟

出版发行：中国铁道出版社有限公司（北京市西城区右安门西街 8 号　邮编 100054）
印　　刷：永清县晔盛亚胶印有限公司
版　　次：2015 年 7 月第 1 版　　　　　2022 年 1 月第 3 次印刷
开　　本：787mm×1092mm　1/16　印张：10.5　字数：250 千字
书　　号：ISBN 978-7-113-20464-8
定　　价：39.80 元